知的生きかた文庫

60代からの暮らしは コンパクトがいい

本多京子

三笠書房

〈はじめに〉

これからの「自分の時間」、何を一番大切にしていきますか

――小さく使いやすいキッチンが〝健康〟と〝おいしさ〟をつくる

これまで医学博士・管理栄養士として「食」と「健康」にずっとかかわってきました。その成果もあってか、血糖値も血圧も一度も高いと言われたことがないほど元気なのですが、60歳を過ぎる頃から、さすがに「この先の自分の体力」を考えるようになったのです。

そこで、60代半ばに、自宅のリフォームを機に、**暮らし全般を「コンパクト」につくり直そう**と思い立ちました。

それまでの自宅は、料理撮影に使ったり、ハーブやアロマテラピーの会社やお店を経営していたりしたこともあって、3階建てのすべてのフロアを使っていま

した。そのうちの3階部分だけを自分用にして、1、2階は人に貸すことにしたのです。

つまり、住まいのスペースを**「3分の1」**に**〝ダウンサイジング〟**（規模を小さくすること）。スペースがコンパクトになるのですから、それに合わせて、家じゅうのものを「3分の1」に減らさなければなりませんでした。

いざ整理をはじめると、驚いたことにキッチンバサミだけでも10個以上（！）出てきました。もちろん各階にそれぞれ必要だったわけですが、しまう場所がたくさんあると、いつの間にかものは増えていくという証拠です。

今は1個あれば十分に用が足りるので、探す時間も手間もかかりません。調理用具、お鍋や食器だけでなくキッチン以外のものも収納場所を決めてそこに入るだけの量にしました。

こうした私の思い切った暮らし方の変化が周囲の方々に伝わると、新聞や雑誌、ラジオなどに取り上げられたりして、思いがけず多くの方々の共感をいただきました。

最近はセミナーや講演先でも、本職である栄養の話よりも私の暮らし方や日々の食事について聞かれることが多くなっています。みなさんも同じように感じておられるのですね。

「私もやりたいのですが、どこから手をつければいいのですか」という声もよく聞きます。

そんなとき、こう考えてみてはいかがでしょうか。

これからの時間、自分がどういうふうに生きたいか、何を一番大切にしていきたいか——。

私の場合、それはもちろん「食」です。「食」を暮らしの中心にしたら、ものごとをシンプルに考えられて、どんどん身軽に快適になってきました。しかも、料理の手間もコンパクトに工夫していくと、**無理せず「おいしく健康的な食生活」**を送れるようになっていきます。

人は食べなければ生きていけません。体力も気力も食べ物から生まれます。しかも、「健康寿命」のためにはますます「食べること」は大切に、とくに**「量より質」が重要**になってきます。塩分や糖分、油を控えながらも、しっかりと栄養を摂る必要があるのです。

本書では、**元気に充実した日々を送るための、〈「食」を大切にしたコンパクトな暮らし方〉のヒント**をご紹介していきます。

1日3回の食事、そして毎日の暮らしをおいしく楽しくするために、役立てていただけましたら幸いです。

もくじ

1章　60代からの〝コンパクトな暮らし〟をつくる7つのルール
――「食べること」を一番にしてみると…

2章 まずは「すっきり使いやすいキッチン」から！

――「これからできること」を考えて整える

3章 自分に合った「おいしさ」「心地よさ」を求めて

——〝量よりも質〟でとらえるとどうなる？

4章

食器もお鍋も…今の「3分の1」でも全然大丈夫

——面白いように「食住衣」は〝ダウンサイジング〟できる

5章 「身軽」になるほど、楽しい時間がどんどん増えていく
――「大切なもの・大切な人・大切な空間」とともに

60代からの〈簡単・健康〉レシピ

編集協力――樋口由夏
本文イラスト――あべゆきこ
本文DTP――株式会社フォレスト

1章

60代からの〝コンパクトな暮らし〟をつくる7つのルール

──「食べること」を一番にしてみると…

ルール 1

“コンパクト化”とは、ものをただ減らすことではない

60代半ばになって、**この先の人生をもっと元気に充実させていくために、**私が選択したのが、住まいの規模を小さくする**“ダウンサイジング”**でした。

それまで3階建ての全部を仕事場と住まいを兼ねて使っていました。それをリフォームして自分で使うスペースを3分の1にし、階段の上《のぼ》り下《お》りで“筋活”もできるように、最上階の3階のワンフロアで生活するようにしたのです。残りのフロアは私よりずっと若い人たちに貸して、コミュニケーションを取りながら暮らしています。

年を重ねるにしたがって、さすがに体力も気力も若い頃と同じようにはいきま

せん。

だからこそ、ストレスなくがんばれる**「コンパクトな暮らし」**をしていきたいと思ったのです。

ダウンサイジングにあたり、**最初にこれから自分がどんなふうに、「何を一番大切にして生きていきたいか」**を考えました。

私の場合、もちろん「食」が一番大切です。

ですから、リフォームする際にキッチンを家の中心に配置しました。あとでくわしくお話ししますが、これが大正解。毎日を心地よく生活できるようになっています。


とはいえ、それまでの生活をガラリと変えたわけですから、まわりにはずいぶん思い切ったことをしたように映ったようです。

「いつか」「そのうちに」と先延ばしにしても、答えは出せません。

ではどうするか。

まずは「とりあえず」の結論を出しておけばいいのです。「とりあえず」ですから、状況が変わったら、その都度、答えも変えていけばいいでしょう。

大切なのは、「自分がどうしたいか」です。

そして、自分がどうしたいかは、自分で考えること。

当たり前のようですが、自分で考えたことは人のせいにはできませんからね。

「じゃあどうするか、自分はどうしたいか」と、つねに次のこと、未来を考えていきましょう。だって、誰でも後戻りできない、過去には戻れないのですから。

白髪もシミもシワも、体型の崩れも前向きに受け入れて、「じゃあどうするか」ってね。

私は過去の思い出にひたるのがイヤなのです。昔の写真も本当に手元に残しておきたいもの以外、ほとんど整理してしまいました（180ページ参照）。

過去を振り返ってばかりいると、不幸になる気がしませんか。

「昔はよかった」「若いときはよかった」などと、いつまでも過去のことばかり思い出していると、今が幸せになれないのではないでしょうか。

食べ物には旬があり、その季節でしかとれないものがあります。**私たちの人生もそのときでしか味わえない、「おいしさ＝楽しさ・幸せ」があると思う**のです。

人生100年時代、その時々でもっと満足できる暮らし方をチョイスしていきませんか。

この本では、そのためのコツをたくさんご紹介していきます。

ルール **2**

これから一番大事な「食」を中心に整えていく

これまで管理栄養士としてさまざまな仕事をしたり、数多くの方々に接してきたりしましたが、「食」はすべての基本だと実感します。年齢を重ねるほど、ますますその思いを強くしています。

私たちは食べなければ生きていけません。つまり、**「生きる」ことは「食べる」こと**。食べることを重視するか、二の次、三の次にするかで、どう生きていくかも違ってきます。

食を大切にする人は、自分なりに人生を楽しみ、前向きに素敵な生き方をしている方が多いですね。

よく「ピンピンコロリがいい」などと言いますが、ずっとピンピンでいてコロリとなるためには、元気で長生きできること、つまり、**「健康寿命」が大切**になってきます。いくら寿命が延びても、病気で寝たきりの年月が長くなれば本人もまわりも大変です。

ただし、「平均寿命」と「健康寿命」には10歳ほども開きがあります。

「平均寿命」は、男性で81・47歳、女性で87・57歳ですが、「健康寿命」は男性で72・68歳、女性でも75・38歳（２０２１年について・２０２２年7月厚生労働省発表）。つまり、約10年もの間、なんらかの不都合で自分の力では生活できないということになってしまうのです。

昔のように、子どもがたくさんいる時代ならともかく、私もよく90代になる母にこう言います。

「お母さんは幸せね。こんなにいい子どもたちがいて」と。「お母さん、ちょっと子どもに頼りすぎなんじゃない？」とも。私の母の世代は、年老いた親の面倒を子どもが見るのが当たり前という価値観の中で過ごしています。

でも私の世代になると、友人の中にも、子どもがいない人も結婚をしていない人もいます。これからそういう人はもっと増えていくでしょう。

子どもがいたとしても、いずれ親子で年金をもらうようにもなりますから、長く生きることが不幸せにならないようにしなくてはいけないのです。


そして、健康寿命を延ばして「長生きしてよかったね」と人生を終えるために大事なのは、なんと言っても生きる基本の食事でしょう。

どんなに性能のいい車でも、ガソリンや電気というエネルギーを入れなければ走りません。

私たちも同じです。食べなければ、動くことはできません。だからこそ、**健康寿命を延ばすために、何よりも「食」が大切**になるのです。

きちんとした食事を摂《と》ることから生まれるのは、体力だけではありません。健康寿命を延ばすためには「気力」だって欠かせません。その**気力も、実は食べ物**

からつくられていることを実感した出来事がありました。

私は1992年から4年間、プロ野球の読売巨人軍の監督やコーチ、選手に対する栄養アドバイザーを務めていました。

そのときコーチが選手に対して、「根性が足りない」と叱咤激励しているやり取りを見て考えたのです。「根性ってどこから生まれるんだろう」と。だって、いくらがんばっても、できないものはできません。

なぜできないかと言うと、できるための材料を体に入れていないというのが大きな問題ではないかと気づいたのです。「根性だって栄養でつくられるのに」と思い、選手たちには**「体づくり」だけでなく「心づくり」のための食事**を考えました。今では、スポーツの分野でも食事や栄養の重要性は、当たり前のことになっています。

食べ物は私たちの心身の健康にとって、ふだん考えている以上に大切なものなのです。

ルール 3

長年の台所仕事で培った「段取り力」をいかんなく発揮

仕事柄、数多くの料理研究家やプロの料理人のみなさんに接していますが、**いくつになっても元気でイキイキしている方が多く、料理は脳の活性化につながる**ことを教えられます。80歳、90歳を超えて、現役で活躍している方もたくさん！

実際、認知症対策のクリニックなどで、料理はボケ予防につながると言われていたりします。料理は、体だけでなく脳の健康のためにも大切なのです。

たとえば、ごはん、味噌汁、アジの干物、ほうれん草のおひたしといった献立の場合、どうしますか。

まずは、お米を研《と》いで炊飯器に入れてスイッチを押すこと。次に味噌汁をつくりはじめます。その次に鍋に湯を沸かし、ほうれん草を茹《ゆ》でます。最後にアジの干物を焼いて、焼きあがる頃にごはんもお味噌汁もできているでしょう。

このように料理をするときは、一番おいしい状態で食べられるように、出来上がりから逆算してつくっていきます。

料理の「段取り」を考えることは、実はかなり頭を使っているのです。

料理上手な人は、前日の残り物や、冷蔵庫の中にある野菜などをうまく使っておかずをつくります。今あるものを組み合わせてメニューを考えることも、知的な作業ですね。「冷蔵庫に余った野菜で、何ができるかしら」「スーパーで何を買い足したらいいかな」——こんなことをあれこれ考えるだけでも、頭はフル回転。また、料理をすると栄養のバランスなども考えますから、**1日3食分、1日3回も脳を鍛える作業をして、しかも出来立てのおいしい食事を味わえる**のです。

長年続けてきたその頭にも体にもよくて、味覚も満足する「いい習慣」を続けていきたいですね。

そもそも料理の「料」という字を見ると、「米」という字と、「斗《と》」という字でできています。「斗」は一斗、二斗と穀物や酒などをはかる単位。ですから、「料」は米を枡《ます》ではかるという意味があり、つまり食材の分量をはかることです。

また、料理の「理」という字の意味するところは「ことわり」、つまり、ものごとを筋道を立てて考えること。

料理は、分量をちゃんとはかって、ものごとを順序立てて仕上げる作業なのです。

だからどんなにシンプルな料理でも、「段取り力」が身につきますし、それをキープしていれば、年を重ねても判断力が鈍らず、ボケにくくなるのです。

しかも、この**段取り力は、日常生活のすべてに活かせます。**家事も仕事も、段取りがうまくできていれば、無理せずにスムーズに進めることができますよね。

人生も同じです。だからこそ、私はこれからの自分の生き方を考えたときに、身軽に暮らそうと段取りをしたのです。これは本当に「正しい段取り」だったと、日々実感しています。

コンパクトな
暮らしの
ヒント

これからの「食生活」に合わせたキッチン

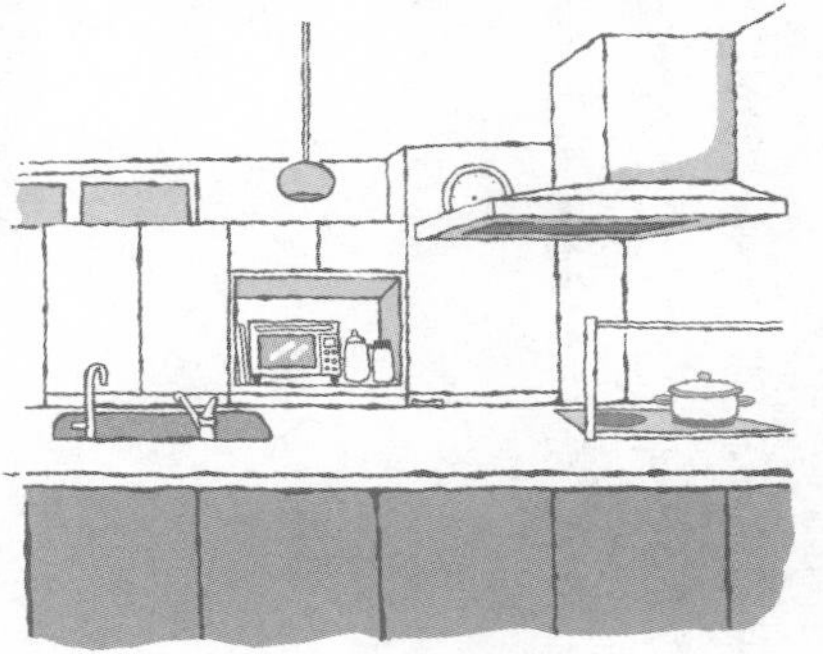

＊必要最小限のものに絞れば、
すっきり使いやすい

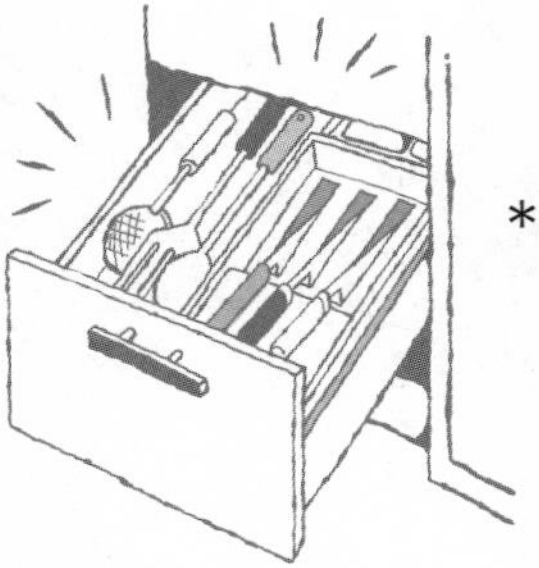

＊必要な調理道具だけを
1カ所にまとめる

ルール 4

何ごとも「ちょうどいいサイズ」を意識する

料理の仕事をしていると、最近、「加減ができない」人が増えているように感じます。

「レシピに書いてある〝塩少々〟の〝少々〟って何グラムですか？」
「〝中火〟ってどれくらいの火力ですか？」
「鍋のフタは開けるのですか、閉めるのですか？」

など、具体的な量や数字を知りたがるのです。また、鍋のフタだって、水分が少なくなりそうだったらフタをすればいいし、多すぎたら蒸発させるために取ればいいだけなのに、その加減ができないのです。

また、運動をするときでも、「気持ちいいくらいの回数で」では通じなくて、「何分で、何回くらいですか？」と聞く人も多いのだそうです。

加減ができないのは、最終的にものごとがどう変化するかを見てきていないからではないでしょうか。今の若い人が失敗を恐れることが多い理由も、これに通じているような気がします。

失敗してみてはじめてわかること、多いですよね。とりあえずやってみればいいのに、やる前にいろいろなことを聞こうとします。

学生に教えるときも、「どうすればいいですか？」と聞かれるので、「とりあえずやってみて」と言うと、「失敗したらどうしますか？」と答えるのです。「やってみないとわからないじゃないの」と言いますけれど。

自分で手を動かして失敗すれば、コツも見えてくるし、「こうすればよかった」と実感できます。

たとえば外がずっと明るかったら、景色をボーッと眺めるだけで、とくに何か頭に入ってこないかもしれません。

でも、すべてが真っ暗で、1カ所だけポッと明るく照らされていたら、見え方も違います。暗闇の中だから、光が見える。失敗するからいい方法が見つかるのです。

何かと情報があふれているせいでしょうか、自分の価値観や感覚よりも、正しい方法はどれか、手っ取り早く知りたがる人が多いのです。やってみて、自分にとって一番いい方法を見つける以外ないと思います。

そういう点では、60代以上の人は数多くの経験を積み重ねてきています。

ですから、**何が自分にとって「ちょうどいい」のか、経験上、わかることが多いのではないでしょうか。**それは**成熟した人間の特権**とも言えるもの。

たとえば、味噌も熟成すると角《かど》が取れておいしくまろやかになります。

私たちも熟成した分だけ、味わい深く生きていきたいものですね。

「手前味噌」のすすめ

高温多湿な気候の日本では、味噌やしょうゆ、漬物、みりん、酒、酢などの発酵食品が発達しました。なかでも味噌は、「手前味噌」という言葉があるように、大豆に加える米や麦の麹《こうじ》、塩の割合、熟成期間などによってさまざまな種類があり、地域ごとの特性があります。

私自身、小粒で甘みのある「小《こ》糸《いと》在《ざい》来《らい》®」という品種の大豆と、江戸時代から続く麹屋さんの米麹、瀬戸内の自然塩で何度か味噌づくりをしました。おいしくできると、まさに「手前味噌」を自慢したくなります。

味噌づくりは大豆を水に浸して煮てつぶして……と手間がかかるのですが、最近はレトルトパック入りの蒸し大豆が市販されています。次につくるときはパックごと大豆をつぶして、手軽な味噌づくりにチャレンジしようと思います。

ルール5

人生経験豊富だからこその「賢い手抜き」

人生経験が豊かになると、自然とものごとを進めるときの手順がよくなってきます。若い頃はアタフタしていたことでも、スムーズにできるように。

料理もそうでしょう。

たとえば、今日ポトフをつくったら、次の日はそれの残りを使ってシチューにする、カレーにするといったように、**上手にアレンジできるようになります**よね。

これも、食材をムダなく使いきる方法で、最近問題となっている、食べられるのに捨ててしまう「食品ロス」を防ぐことになります。

もちろん、ときには、市販のお惣菜を上手に利用してもいいでしょう。パックに入っている煮物なども今はたくさんの種類があります。

でも、実は市販のものを使ってアレンジするのは、上級者向けです。市販のものはすでにしっかりと味がついていますから、ゼロから味つけをするよりも味の調整が難しいのです。

しかも、結果的に調味料を多く摂ることになってしまい、塩分や糖分がオーバーしてしまうおそれも……。

ですから、料理が苦手な人には、むしろゼロからつくることをおすすめしています。慣れてくるとおっくうでなくなりますし、自分でつくった料理は材料も調理法も味つけもよくわかっていますから、アレンジ料理が簡単にできます。

経験があってはじめて、手を抜くべきところがわかるからです。

つまり、**「できる人の手抜き」**ですね。

その点、60代以上の人はできるからこそ、手抜きをして大丈夫。これは料理だけでなく、生活全般につながると思います。

たとえば毎日毎日、部屋の隅々まで丁寧に掃除機をかけなくても、どうやったら部屋をきれいに保てるか知っている人は、掃除の手抜きをしてもいいのです。

上手に手抜きをしていくことで、自分でできる期間が長くなると思います。年齢とともに、だんだんと体力が落ちていくことは避けられないのですから。**自分のできる範囲に合わせて、賢く手を抜く。**それには日々の暮らしをしっかり過ごしてきた、長年の経験が活きてくるのですね。

せっかく自分で自由に使える時間が増えてきたのですから、自分のことは自分好みでしたほうがいいですし、そのほうが楽しいですよ。

コンパクトな
暮らしの
ヒント

場所をとらない「保存」の知恵

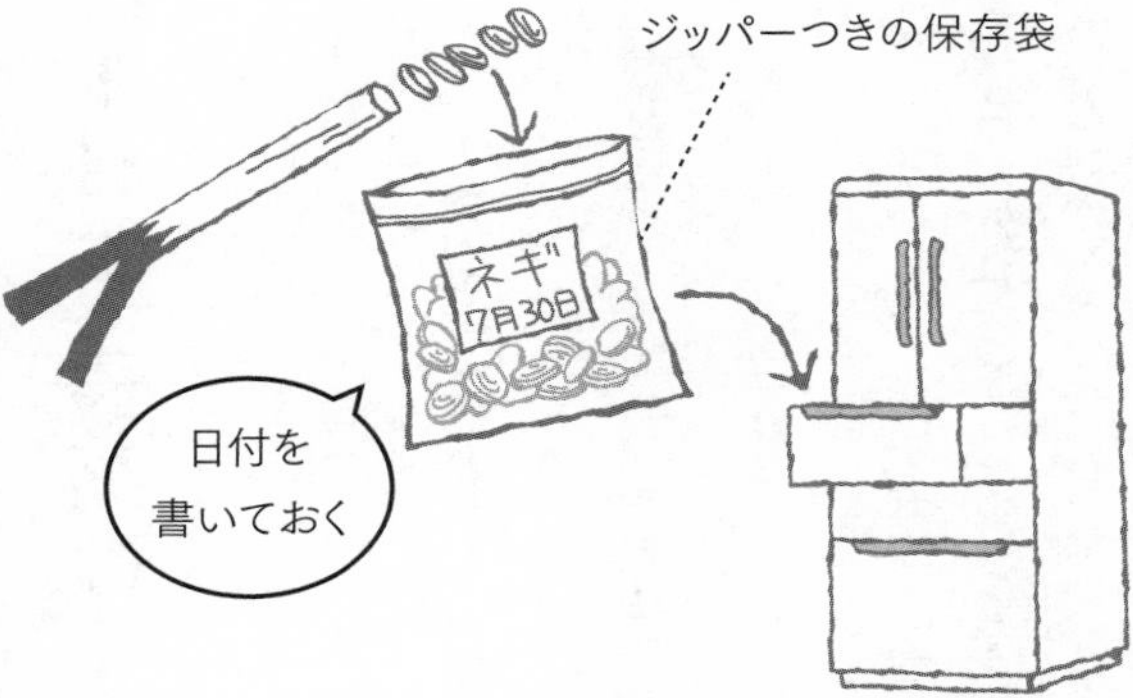

＊野菜は冷蔵庫の「野菜室」と決めずに
小さく切って「冷凍庫」に。
スペースをとらず、ムダをなくせる

ルール 6

「いつもの1日」を最高の1日に

年齢を重ねれば重ねるほど、**「何を」「誰と」「どこで」食べるかの選択が大事になってきます。**

なぜなら、たとえ同じ料理であっても、いつどこで誰と食べてもおいしいわけではないからです。

3歳になる孫娘の〝すーちゃん〟に、娘夫婦が「お子様ランチ」なるものを食べさせてあげたいと、夏休みに外食に連れて行ったことがありました。でも、すーちゃんは食べ慣れていないからか、「いらない」と言って食べなかったそうです。それで親たちは「もうコリゴリ」と言っていました。

90代になるうちの母にも、同じことがありました。

子どもである私たちきょうだいがいろいろなところに旅行に連れて行き、きれいな景色を見せたり、おいしいものを食べさせてあげたりしようとしても、結局「疲れた」「来なきゃよかった」と言い出すことが増えてきたのです。

お金も時間も使うほうとしては、ちょっと頭にきますよね。

でも、すーちゃんにしても、年を取った母にしても遠くに連れて行かれて、**慣れない場所で慣れないごはんを食べるよりも、ふだんの食事に少し贅沢《ぜいたく》をするく**らいか、家で自分の好きなごはんを食べるほうがうれしいのです。

ですから、腰の重い母を旅行に連れ出すのはやめて、1つ2つ先の駅のショッピングモールできれいな花を買って、モールの中のお店でごはんを食べて帰ってくるようにしました。そうすると「今日は楽しかったね」と母が言います。

年齢を重ねて少食になって「胃がもたれるな」というときに、ごちそうを出されても、うれしくないですよね。それよりもノドごしのいい食べやすいにゅうめんや、ひと口大にカットした果物《くだもの》のほうがうれしいのです。

だから、**無理をしないでコンパクトに自分らしく楽しむことが大切**になってきます。どんなに豪華で贅沢なものでも、体力・気力を超えたら楽しくなくなってしまいますから。


3歳のすーちゃんと、90代になる母を見ていると、喜ぶものがだんだん同じになっていくのがわかります。体力と気力の範囲内で、何が一番楽しいのかを考えます。

以前は、たとえばクリスマスの時期なら、おしゃれをしてレストランに行こうと言ったものですが、最近は、母が気を許せる人だけ集めて、それぞれが持ち寄った料理を楽しみながら昔話に花を咲かせるようになりました。

そうすると、母は必ず「今日はいい日だった」と言ってくれます。しかも、夕食ではなくランチの時間にします。

「余力」「ゆとり」が残るくらいでお開きにするのが、ちょうどいいのですね。

お腹いっぱい、苦しくなるまで食べてしまったら、せっかくの食事のあと味が悪くなってしまうのと同じです。

無理をしない、がんばりすぎない。

自分の体力・気力に見合うライフスタイルが一番心地よいのではないでしょうか。

あとでくわしくお話ししますが、私が生活のダウンサイジングをして、仕事柄何十人分もあった調理器具を6人分に減らしたのも、余力を残しておきたかったからです。

日常のすべてにおいて、**自分にちょっとした「ゆとり」を残す**ようにしておくと、もっと気持ちよく楽しく過ごせるようになると思うのです。

ルール7

「しがみつかない」と決めたとたんガラッと変わる

私は、あらゆることに**「しがみつかない」ことが幸せへの近道**だと思っています。日々気持ちを新たに、後ろを振り向かず前向きに暮らしていくこと。「食」は、そういうことにもつながる気がします。

だって、料理のいいところは、おいしく食べたらすべてが消えてなくなるところとも言えるのですから。

だからこそ、60代半ばで思い切って住まいのダウンサイジングをして、コンパクトに暮らせるようになったと思います。でも、人はとくに年を重ねれば重ねるほど、過去にしがみつきたくなるものです。

私の母を見ていてもそう思います。どうしても昔のことにしがみついてしまうのです。「今はもう違うから」と言っても、その「今」をなかなか理解してくれません。

昔の、自分が一番よかった頃を思い出して、今の自分をみじめに思ったりする必要はないと思います。


私が「しがみつかない」ようになったのは、仕事を通して食にかかわってきたことが大きいでしょう。

社会が変わると食が変わり、食が変わるとかかる病気が変わってきます。

そういうことを仕事を通してたくさん見てきて、体感しているからではないでしょうか。

世の中はいつも同じではないということ。社会だけでなく自分自身も、ずっと守らなければならないものがある一方で、ずっと同じ状態ではないということだけは確かです。

また、**しがみつかないことで「いいご縁」が巡ってくる**体験もたくさんしています。たとえば、今の場所に引っ越したときもそうでした。

引っ越しを考えていた当時、小学生だった娘と、チラシに出ていた物件を不動産会社の営業の男性に案内してもらいました。

現地で実際に見てみると、「ちょっと違うな」と思ったので、「またいい物件があったら教えてくださいね」と言って、そのあと他の方から紹介された物件を見に行こうとしていました。

すると、その営業マンが「今日はこれからどうなさるんですか?」と聞くので、「別の物件を見に行くのです」と答えると、その場所まで車で連れて行ってくれたのです。

その日の帰り道、娘が「あのお兄さんはえらいね」と営業マンのことをほめていました。「自分の紹介した家を売りたいはずなのに。何も自分は得しないのに、私たちを他の家の場所まで連れて行ってくれて、しかも悪く言わなかったね」と。もしかしたら私たちが、次に見に行く物件を買ってしまうかもしれない。それなのに、その人はその物件の悪口を一切言わなかったのです。

そして娘は最後に、「もしお母さんが家を買うなら、絶対にあのお兄さんから買いなよ」と言いました。「そうだね」と私が答え、それから3～4年が経ったあと……。

夫が病気になり、いよいよ職住近接させたほうがいいと、引っ越しを真剣に考えていた頃、例の営業マンから電話がかかってきたのです。そのタイミングで連絡をいただいたのも、何かのご縁かもしれません。

「住まいと仕事場を一緒にするのであれば、一番いい場所だと思います」と言って、今の住まいを案内してくれたのです。小学生だった娘の一言と、私のしがみつかない性格がいいご縁を連れてきてくれたようです。

他にも、しがみつかなかったことで、思いがけずものごとが好転したりしたことはたくさんあります。

私は何かうまくいかないことがあっても、**「ダメなら仕方ない、さて次はどうするか」**と考えます。そこで**余計なこだわりや執着がない分、「いい流れ」になる**のではないでしょうか。

毎日、おいしく楽しく食べて、気持ちを新たに前向きに暮らしていくこと。「食べること」を大切にしていたら、自然といつもうまくいくように感じます。

そんな私を見てまわりは不思議に思うのか、最近では、講演先などでもレシピや栄養以外の私のライフスタイルについて質問されることも多くなってきました。みなさん、年を重ねることになんとなく不安を持っておられるようです。

私の場合は、60代になって「食」を中心に暮らしをコンパクトにしたので、この章でご紹介した7つのルールを大切にして、さらに楽しく元気に過ごしています。

次の章から、そんな私のコンパクトな暮らし方のコツを具体的にお話ししていきましょう。

シニアこそ、「ワンプレート」を活用！

カフェの食スタイルは、大皿に肉も野菜もパンもデザートもすべて盛り合わせるといったワンプレートが主流です。見た目が豪華で、盛りつけに手間がかからず片づけも簡単。子どもの食事にも、仕切りがついたワンプレート皿を愛用するお母さんが少なくありません。でも、幼い子どもにこの食スタイルはあまり感心しません。手で持ち上げられない食器は、食べるときに猫背になりがち。「姿勢よく」と言っても、顔をお皿に近づけるしかありません。

ワンプレートはむしろ、シニアにこそおすすめしたいと思います。冷蔵庫にある残り物を少しずつ盛りつけただけでも食卓が豊かになります。冷蔵庫の点検にもつながり、「食品ロス」も減らせます。私もつい最近、仕切りがあるワンプレートを買いました！

コラム

「いただきます」と「ごちそうさま」

最近では、「いただきます」を言わない人が増えてきました。自分でお金を払っているのだから、「いただきます」など言う必要はないと言う人も……。

「いただきます」は「命をいただきます」ということ。

野菜や果物などの植物や、肉・魚のような動物の命をいただいて、自分が生かしてもらっていることへの感謝の言葉です。

また、「ごちそう（ご馳走）さま」は、命の素《もと》になる食べ物を育てたり、選んだり、調理したりしてくれた人への感謝の気持ちをあらわす言葉。

読んで字のごとく、走り回って食事を準備してくれた、見えない人への感謝の言葉なのです。

お惣菜やレトルト食品を利用して、一人ひとりが好きなものを食べる食事スタイルでは、会話はなく、食事をつくってくれた人への感謝や、食べ物そのものへの感謝の気持ちも生まれません。

孫のすーちゃんが１歳半くらいのときには、「ごちそうさま」と上手に言えませんでした。だから、食べ終わったときには、手を合わせて「ちゃま」と言わせるようにしていました。

「いただきます」「ごちそうさま」は、見えないところに思いを馳《は》せること。見えないものを見ようとする力は、人生においてとても大事なことです。食べることを通して、「この食材は、いったいどういうところで育ったものなのかしら」とか、「どんな人がつくってくれたのかな」というふうに興味が広がっていくと、食べることが楽しくなります。そして、その楽しさの裏には、必ず「手間」があることに気づくのです。

食べ物が豊かにある時代だからこそ、私たちは、「いただきます」「ごちそうさま」という言葉の意味を、もっと真剣に考える必要があるのではないでしょうか。

コラム

人生を「100年」で再設計してみる

最近、中学校時代からの親友とよく話すことがあります。

私たちの頃は、ベビーブームで子どもが多く、学校では1クラス55人くらいの人数で、高校生のときは1学年16クラスもありました。でも今は、1学年に1クラスしかない学校も増えています。

今は子どもが少ない時代であるにもかかわらず、平均寿命は延び続け、いずれ90歳になる日も近いでしょう。もしかしたら100歳まで生きるのが当たり前になるかもしれない。

となると、そのつもりでこの先の人生設計を考えなくてはいけなくなります。

友人と、「100歳まで元気だったらいいけど、そうじゃなかったら老人ホームは満員で入りきれないだろうから、きっと体育館に寝かされるわね」と、半分

（冗談、半分本気で話しています。

この間も、生命保険の勧誘に来た方の話を聞きました。やはり、今や生命保険も１００歳まで生きる計算で組み立てられています。

「私はもう70歳になりますから、今まで入っている生命保険でいいです。これ以上、新しい保険に入りたくないですし」と言ったのですが、「長生きをして、１００年の設計をしておかないといけない時代になったので、見直してはいかがですか」と言われます。

「うーん」と、いろいろ考えさせられますね。

2章

まずは「すっきり使いやすいキッチン」から！

――「これからできること」を考えて整える

キッチンを「家の真ん中」にすえてみたら

自宅のリフォームで、住まいを3分の1にダウンサイジングしましたが、今の私にとっては、これくらいのサイズが〝ちょうどいい快適さ〟だと考えたからです。

コンパクトになった我が家を訪れる人がまず驚くのが、家の中心にキッチンがあること。玄関を開けたらキッチンが丸見え、フロア全体の5分の1くらいのスペースを占めます。

先にふれたようにこれからの人生、自分がどういうふうに、「何を一番大切にして生きたいか」を、まず考えました。

私にとって、何よりも大切なのは「食」です。ですから、キッチンを家の真ん中に配置しました。

こうしたケースはあまりないのか、設計士さんには「本当にこれでいいのですか?」と何度も念を押されたくらいです。こんな間取りを設計したことがない、とおっしゃっていましたね。

間仕切りもなく、家中どこからでも**キッチンが〝丸見え〟になっているので、火の消し忘れはありません。**

お年寄りが鍋を焦がすのは、たんに火をつけていることを忘れてしまうだけではなく、加齢とともに嗅覚が鈍化するからだと言われています。

私が、フロアの片隅にあるデスクで仕事をしていても、パッと目を横に向ければキッチンが丸見えです。距離が近いので、この先どんなに嗅覚が衰えたとしても、気づかないわけにはいかない距離なのです。

しかも、どこからでもキッチンが見えるので、こまめにお掃除するようにもなります。

また出かけるときは、ガスは大丈夫かしら？　水道は？　電気は？　と玄関からパッと見えるところを見回すだけ。

自分の視力、注意力に見合った快適な暮らしができています。

何をもって、「快適」「心地いい」と感じるかは人それぞれでしょう。そのときの自分の置かれた状況や自身の状態によっても変わってきます。

ですが、シンプルな判断基準があります。やはり大事なのは、「何を一番大切にして生きたいか」を考えること。そうすれば、おのずと自分にとっての心地よさは何かがわかるのではないでしょうか。

人と比べることも、誰かに合わせる必要もありません。また、どこか違う場所にそれが存在するわけでもありません。

今の自分の身のまわりに、ちょっと意識すれば見えてくるものなのです。

自宅で「ドライハーブ」づくり

タイムやローズマリー、セージなど料理のアクセントになるハーブ。あればおいしさがランクアップします。スーパーでも手に入りやすくなりましたが、使うのはひと枝程度。これまで、残りは酢やオイルにつけて保存していました。

でも最近は、娘が長野につくった畑で大量に収穫できるようになったので、洗ってから小さな束にしてキッチンにつるしてあります。数日でカラカラに乾いてドライハーブになるので、料理好きの方がいらしたときに差し上げています。

また、ドライハーブをジッパーつきの袋に入れて外側から軽くもむと細かくできるので、枝の部分を取り出してそのまま保存します。こうすると、ハーブのひとかけらもムダになりません。ラタトゥイユやハンバーグ、魚のパン粉焼き、スペイン風オムレツに……と出番はたくさんあります。

「何をつくるか」に合わせて キッチンの中味も変わっていく

かつての我が家は仕事場を兼ねていたこともあり、キッチンが2カ所、冷蔵庫は2台、調理器具や食器などもたくさんありました。

料理撮影の他に、月に何回も20人以上の料理を一度につくっていたので、お皿が30枚ずつとか、フォークやナイフ、スプーンなども大量に……。

自分のこれからの人生に見合う「コンパクトな暮らし」に変えていくのにあたって、**この先の体力などを考えたとき、何人分だったらストレスなく料理がつくれるのか、いろいろ試してみました。**

その結果、6人分くらいだったらあと10年以上は無理なくつくれるだろうと見込み、食器などはすべて6人分だけ残しました。

最近も年に数回、5〜6人を招いて食事会をしています。

若い人も高齢の方もいらっしゃいます。

そのメンバーの中には以前、私が月に1回ボランティアでカフェをやっていた頃から来てくれていたお母さんとその息子さんがいます。

「体力がもたないから、これからは6人までの食事会にしたい」と言ったら、その中学生の息子さんが、「その6人の中に僕は入っているのかなあ?」と聞くのです。可愛いでしょう。

「もちろん入っているわよ」と伝えると、彼は今でも楽しみにして待ってくれています。


年末などは、みんなでご馳走をいただきながらテレビの『ゆく年くる年』を一緒に見て、最後に年越しそば。そして、自家製のおせちを少しずつおすそ分けして、お土産《みやげ》にしてもらいます。

そんな楽しい会が続いているのも、私を含めてみんな無理をしていないから。毎年役割を決めていて、ある人は「果物を買ってくること」、別の人は「ワインを持ってくること」、また別の人は「牛肉を買ってくること」と分担しています。

だから、お互いにムダに気をまわす必要もありません。

ある年は私が海外旅行を年末年始に申し込んでいたので、食事会を行なわないときがありました。

お誘いをしなかったせいか、「私、嫌われたんですか?」という思いがけない連絡をいただいてしまったのです。

何もお伝えしていなくて悪かったかしらと反省しつつも、楽しみにしてくれていたのだなとうれしく感じました。

今でも自分がつくった料理をいろいろな方に食べていただくのは楽しみですが、それを義務にしていないことが無理なく続くコツかもしれません。

自分の体力・気力にちょうど合う食事づくりができることで、人に喜んでもらって、一緒に食卓を囲んで楽しい時間を共有できる——。

これからも続けていきたいと思っています。

「気づいたら賞味期限切れ」を防ぐ知恵

長年、「食」にたずさわって大切なことにいろいろ気づかされますが、その中のひとつに、**先のことを考えて段取りをとって、今できることをやっておく**、というものがあります。この**「次への準備」**を私は**「手間の貯金」**と呼んでいます。

たとえば、野菜をたくさん送っていただくことがありますが、日持ちするお芋や玉ネギはいいとして、葉物野菜はすぐに下ごしらえをします。ほうれん草であれば、すぐ茹でて冷凍しておきます。そうすれば、必要なときにおひたしやごま和《あ》えが手軽にできます。

これは以前からの習慣で、もう身についてしまっているようです。下ごしらえが習慣になると、料理もおっくうになりません。

ある日の朝は、孫と一緒に玉ネギをあめ色になるまで炒めて、にんにくを入れて、鶏肉とにんじんのすりおろし、トマトジュースを入れて5分くらい煮ておきました。夕方になったら、冷凍しておいたチキンスープ入りのほうれん草のペーストを加えて、グリーンカレーにできます。

幼い孫にはグリーンカレーはまだ少し早いので、普通のカレー用を先に取り分けて、大人だけグリーンカレーに。そうすればわざわざ小さい子のために別につくる必要もありません。残ったカレーは保存袋に入れて冷凍して、ストックにすることもできます。

次の料理の準備をしておくコツは、気力も元気もある午前中にやることかもしれません。これだけ料理をしてきた私でも、ときにはつくるのがおっくうになることもあります。夕方、暗くなってからだとなおさらです。

だからその前に準備をしておくと余計な手間がかかりませんし、何より気がラクで「心のゆとり」を持てるようになります。

また、この**「手間の貯金」は食品の保管にも活かせます。**

レトルト食品や缶詰など、いつの間にか賞味期限切れに……なんてことありますよね。引き出しや棚の奥から「去年まで」のものが出てきてガッカリ、という経験は誰しもあることでしょう。

そうならず、しかもコンパクトに収納するために、私は缶詰だけでまとめておくなど、**食品の種類ごとではなく、「賞味期限の年ごと」に分けてストックする**ようにしています。

あらかじめ食品のストックを入れる棚の段を分けておき（カゴや引き出しで分けてもOK）、目立つように、「○○○○年」と書いた紙を貼っておきます。今年、来年、再来年、それ以降という形で分けています。そして、缶詰などを買ってきたら、その賞味期限の年の収納場所に入れておくのです。

こうした「手間の貯金」をしておけば、食べるときに「今年の場所」だけを見ればよく、「気づいたら賞味期限切れ」がなくなります。

まわりの方にもこの方法は好評ですので、ぜひ試してみてください。

コンパクトな
暮らしの
ヒント

「賞味期限切れ」を起こさない食品棚

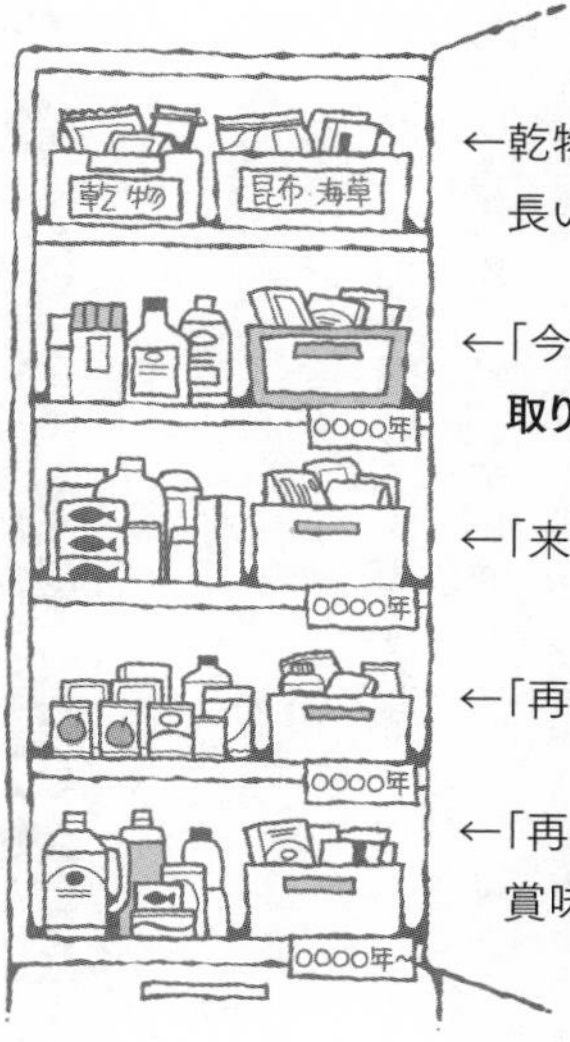

←乾物など比較的賞味期限が
長いものはひとつの段に

←「今年中」が賞味期限のもの
取り出しやすい目線の高さに

←「来年」が賞味期限のもの

←「再来年」が賞味期限のもの

←「再来年より先」が
賞味期限のもの

＊「缶詰」別、「レトルト食品」別……ではなく、
「賞味期限の年」別に分けて収納。
使うときは「今年中」の収納場所を見るだけでいい

「自分のため」につくる食事の鉄則

ちょっと重たいですが、料理に関して大事な話です。

私は「自分のため」に食事をつくっています。

年齢を重ね、子どもが独立したら、食事は「家族のため」でなく、「自分のため」につくるものに変わります。もう、人のために食事をつくる必要はないのです。

私の場合、同じ建物に住んでいる娘夫婦や孫にも食事をつくっていますが、あくまでもそれはおまけ。**自分のためにつくった料理をおすそ分けしている感覚であって、誰かのためにつくっている意識はありません。**

もし、「誰かのために」「家族のために」と思ってしまったら、ちょっと息苦しくなります。たとえば、せっかく食事をつくったのに、相手が外食をしてきてしまった、などということが重なれば、腹が立ってしまうこともありますよね。人によっては、誰かのためでないとつくる気がしない、自分のためだけにはつくれないという人もいます。

でも、これからの自分の人生、誰かのために生きるのも大事ですが、もっと「自分のため」に生きてもいいのではないでしょうか。

「自分のためにやることが、他の人のためにもなる」と考えたほうが、気持ちよく過ごせます。そうすれば、何が起こっても人のせいにしなくなります。

たしかに、自分のためだけに食事をつくってそれを食べるのはしんどいこともあります。

でも、自分のためにやっていることだから、やったことの成果はすべて自分に返ってきます。料理だけでなく、掃除や洗濯もそうでしょう。部屋がきれいになる、衣類を気持ちよく着られる、おいしいものを食べて健康になれる。

自分のためだからと割り切れば、イライラやストレスとは無縁でいられます。

いつでも機嫌のいい自分でいられて、そんな機嫌のいい人のまわりは「いい空気」で包まれますから、人間関係も穏やかになります。

少し前に「キレる高齢者が増加中」とニュースに取り上げられていましたが、誰でも機嫌が悪い人と一緒にいるのはイヤですから、そんな状態に陥ったら本人も周囲も不幸せですよね。


私は昔から、人と喧嘩《けんか》をしないようにしています。夫は10年以上前に亡くなりましたが、夫婦喧嘩もしたことがありません。

「一緒に暮らしていて、イラッとすることはなかったのですか?」と聞かれることがありますが、自分の思い通りに相手を動かそうとするからイラッとするのではないでしょうか。「なんでこうしないの?」と思ったら、それは腹も立ちますよね。

でも私の場合、**イライラしても時間のムダ**だと思っています。何があっても、「あっ、そう」で終わり。

相手に干渉せず、相手を思い通りに動かそうとせず、むしろ自分が思い通りに生きているからかもしれません。もしかすると夫は仕方なく私についてきてくれていたのかもしれない、と今は思います。

子どもが小さいうちは自分中心なんて難しいことが多く、誰かのために動くというクセがしみついているかもしれません。

ですが、年を重ねるほど自分中心になっていいでしょう。

とくに**60代以降は、むしろ元気に動いていること自体が、自分のためだけでなくまわりのためでもあります**ので。そしてシニア世代が健康でいることは、最大の社会貢献だと思うのです。

「健康寿命」を延ばす——今できることは

食事を自分でつくることが大切なのには、理由があります。

出来合いのものや外食だと、つい見かけや値段につられがち。でもそれでは、どんな食材でどのようにつくられたのか、という〝本質〟が読めません。

出来合いや外食の食品は、より多くのお客においしいと感じてもらわないと売れませんから、そのために塩分、糖分、油を多めに使っていることが多いのです。これらの摂りすぎは、生活習慣病の元凶になりかねません。

スーパーを見ても、お惣菜コーナーが増えているのがわかります。よく聞く話として、「ひとつの食材をいろいろ工夫して料理する方法がわからないから、素材そのものより出来合いを買ったほうが安い」というものがあります。

たしかに、市販のお惣菜は大量に製造するために安いのは事実ですし、つくる手間も省けるので、つい手が出てしまうのも仕方のないところです。

しかし、外の味に慣れてしまうと、素材や調理法がよくわからないまま、食べ続けることになります。また、大量に調理されるために安全面からもどうしても味が濃くなってしまいがちで、濃い味に慣れてしまうと、気づかないうちに塩分の摂りすぎにつながってしまいます。

少なくとも**自分で食事をつくっていれば、〝味の本質〟が見えるようになります。**

たとえば市販のビスケットを食べたとき、自分でつくったことがあれば、「こんなにサクサクした感じになるには、相当たくさんのバターを使っているかな」とか、「こんなにしっとりしているのは、かなりたくさんの砂糖を使っているかな」ということがわかるのです。

今の時代、お金さえ出せば世界中から食べ物を買い集め、好きなときに好きなものを好きなだけ食べることができるようになりました。

けれども、**その食材がどこでどう育てられたのか、誰がどんなふうに調理したかなど**というところまで、なかなか思い至りません。

なかには食品偽装をしたり、表示をごまかしたりというニュースを聞くことがあります。食べ物は体の中に入れる大切なものであるにもかかわらず……。

家庭でもお惣菜やレトルト食品を買って手を加えることなくそのまま食卓に並べ、家族それぞれが自分の好きなものだけ食べるという風潮すらあるようです。

そういったスタイルの食事では、楽しい会話は生まれようもなく、食事をつくってくれた人への感謝や、食べ物そのものへの感謝の気持ちも生まれません。

こんなふうに、食べる人とつくる人との距離が生じてしまったがために、「食育」が必要になったのでしょう。

シニアの中にも一部かもしれませんが、「食」に対する知識や体験が乏しい方がいらっしゃるのは事実です。

「健康寿命」を延ばしたいと思うなら、やはりできるだけ自分の食事は自分でつくることは大事です。男性でも最近、リタイア後に料理教室に通う方が増えているのはいい傾向だと思います。

自分の食事を自分でつくっていると、食べ物のことがわかってきます。すると、外食や出来合いのものを買うときにも、正しい選択眼ができているはずですし、お惣菜やレトルト食品にひと手間加えてアレンジすることも上手にできます。この本では、そうしたアレンジレシピもご紹介しています。

自分で料理をすると、塩分、糖分、油を減らし、かつ、さらにおいしくする工夫ができるでしょう。**「自分が本当に食べたい味」が今の自分の体にぴったりで、一番おいしくてヘルシー**なのですから。

1人分でも〈ラクして・賢く・健康〉ごはん

私は料理雑誌で、シニア向けの「体にいい簡単ごはん」をテーマに連載をしてきました。名づけて、「シニアのラクケンごはん」です。

ラク（楽）ケン（健・賢）、つまり、簡単・賢く・健康的なレシピ。時間と手間をかけずにできるけれど、ちゃんと体にもいいというものです。

健康的な食事をつくるためには、ある程度の料理の知識は必要です。レシピ本を見たりインターネットで調べたりして材料を買ってきて、食事をつくり、買った材料が余ったらそれでもう一品考えたりする。食材をムダなく使うテクニックと知識が求められるのです。

ですので、私が考える「ラクケン」も**単なる手抜きではなく、「ここは省いて**

も栄養の損失がなく、おいしさは同じ」という方法なのです。

ちょっと脱線しますが、これはサプリメントも同じですね。

サプリメントを飲めば、すぐに健康になるようなCMもありますが、サプリメントはあくまでも「健康補助食品」。摂取すればより元気になるのではなく、ふだんの食事で足りないものの補助として使うもの。

だから本当は、自分がいつもどういうものを食べていて、どの栄養素が足りていないかわかっている人が使うものなのです。

安心のために摂《と》るものではありません。だって、足りているものを摂っても仕方がないですよね。

もちろん、サプリメントを摂ることには反対ではありません。ただし、今言ったように、自分の食生活のことをよくわかっている人なら、という条件がつきます。

野菜を食べる代わりにマルチビタミン剤を「とりあえず摂っておこう」という

のでは本末転倒ではないでしょうか。

何も考えずに摂取して、健康の底上げはできないと思います。


理屈はここまでにして、おすすめのレシピを紹介しましょう。

ちょっとずつ残った野菜から簡単にできる「野菜の重ね蒸し」（77ページ参照）、**ラクしてたっぷり野菜を食べることができるレシピ**です。

冷蔵庫の中にある、ちょっと残ってしまった野菜を活用できます。

数種類の野菜を、それぞれを食べやすい大きさに切って、電子レンジに入れるだけ。冷蔵庫で2～3日は保存できるので、その後いろいろな料理にアレンジすることもできます。NHKテレビ『きょうの料理』でもご紹介し、みなさんから喜んでいただきました。

ここでは、**つくったあとにもいろいろアレンジできる**よう、3食分の分量でご紹介します。

そのまま食べても、もちろんおいしいですが、ポン酢しょうゆをかけるのもおすすめです。

冷蔵庫に保存しておいて、翌日などは、牛乳やクリームチーズを加えてシチューのようなクリームスープに、トマトジュースを入れてトマトスープにすることもできます。

また、溶き卵を混ぜて焼けば、食べごたえのあるスペイン風オムレツになるなど、アレンジがきくレシピです。

「3食分」とは、「3人で食べる」とか「同じものを3回食べる」ということではなく、**「3回分の食事になる準備を1回ですませておく」**というとらえ方をするといいですね。

ヘルシーな野菜料理を手軽に食べられますから、つくってみてください。

① キャベツは2～3cm 四方に切る。かぼちゃは5～6mm幅の薄切り。ブロッコリーは小房に分け、玉ネギ・にんにくは薄切りに。ベーコンは1～2cm 幅に、バターは1cm 角に切る。ローリエは半分に折る。

② 耐熱ボウルに、キャベツ、かぼちゃ、ブロッコリー、玉ネギの順に重ねる。その上にベーコン、ローリエをのせ、固形スープの素をくずしながら加える。さらに、にんにくを散らしバターをのせ、ふんわりとラップをかける。

※かたい野菜を真ん中にすることで、上下のやわらかい野菜の水分で蒸される。

③ 電子レンジ（600W）に 12～13 分かけ、ラップを外さずそのままの状態で約 10 分蒸らす。ボウルを取り出してラップを外し、全体を混ぜ合わせる。

※余熱を利用することで均一に熱を通す。

野菜の重ね蒸し

電子レンジを使うだけで、
野菜をたっぷり食べられる！

〈材料〉3食分

※野菜は合計 300 ～ 350gを目安に

キャベツ（または白菜など）…2～3枚
かぼちゃ（またはにんじんなど）…5cm 角
ブロッコリー…1/4個
玉ネギ…1/2個
にんにく…1かけ
ベーコン（薄切り）…1～2枚
ローリエ…1枚
固形スープの素《もと》…1個
バター…大さじ1

「夜、昆布をポイ」で翌朝おいしい〝だし〟がとれている

お料理は、キッチンに立っている時間だけでするわけではありません。

自分がそこにいなくても、勝手においしくできる方法を活かさなければ損です。

たとえば、**おいしくて健康的な「だし」も、ペットボトルと水とひと晩という時間があれば、簡単につくれます。**

このだしがあれば、塩分を減らしておいしい料理ができます。


「水だし」のつくり方はとても簡単です。

まず、500㎖の水入りのペットボトルを用意します。

そこに昆布5g（幅5㎝×長さ7～8㎝ほど）、かつおぶし5g（ミニパック

コンパクトな
暮らしの
ヒント

時間と知恵の有効活用――
おいしい「だし」がひと晩で！

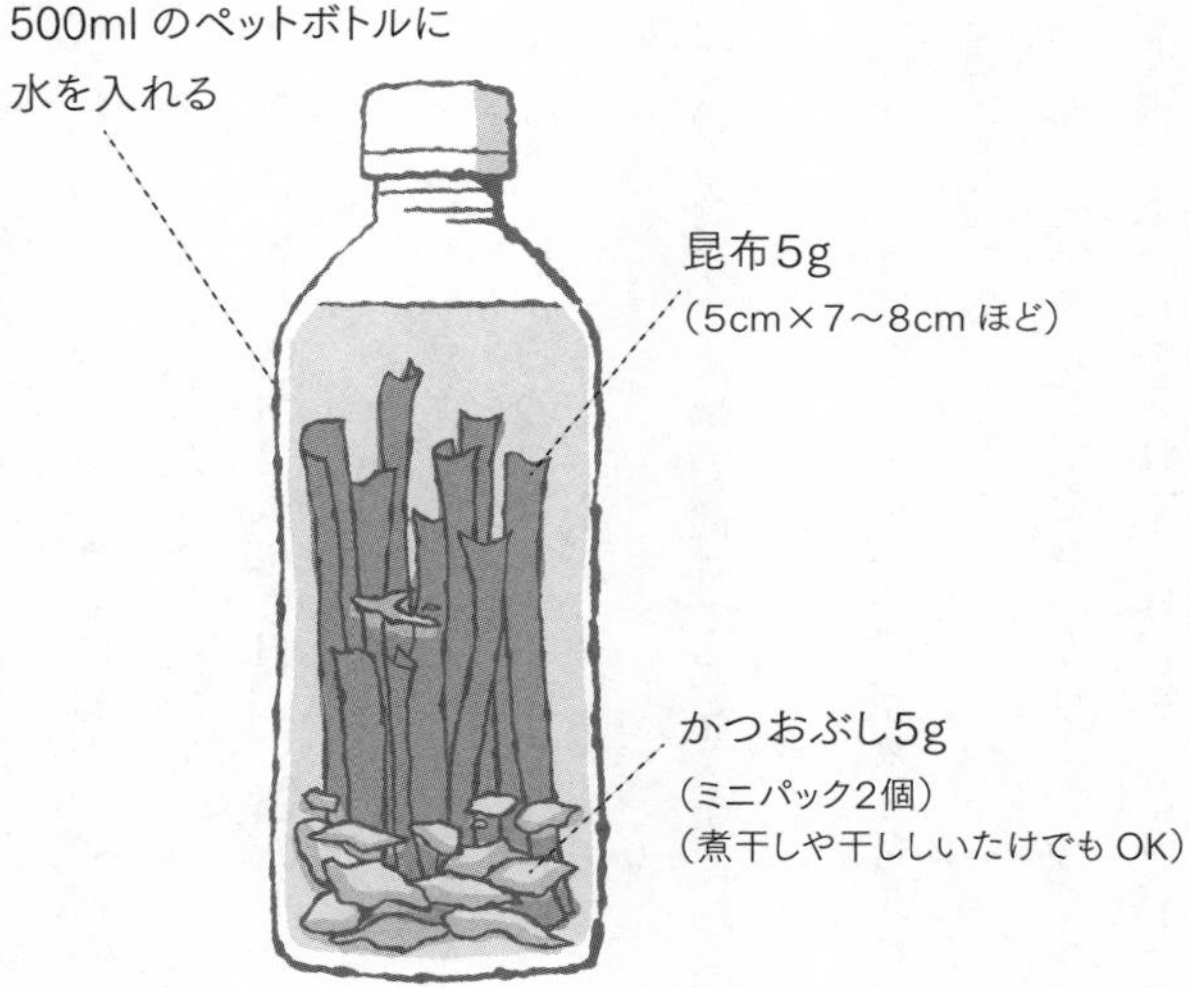

＊イチからとるのは大変な「昆布だし」も
夜ペットボトルに昆布を入れておくだけで、
翌朝にはできている

・冷蔵庫で3～4日保存可

2個／煮干しや干ししいたけでも可）を入れます。たったこれだけ。

夜寝る前に準備しておけば、翌朝にはできているので、朝のお味噌汁にも使えます。残った分はペットボトルに入れたまま冷蔵庫で、3～4日保存可能です。なくなったら再び水を加えて鍋に入れて火にかけ、二番だしがつくれます。


私は朝にこの水だしを使って、夕食の準備をしてしまいます。朝食が終わって洗い物をしたら、すぐに取りかかるのがコツ。そうでないと、おっくうになってしまいます。

そのときに**重宝しているのが、余熱で食材に火を通す「保温調理鍋」**（111ページ参照）です。

孫が夕方保育園から帰ってきても、またいつ誰が来てもあわてないように、材料をこの鍋に入れて煮ておくだけ。

夕食の準備といっても、時間をかけてできあがりまでつくってしまうわけではありません。保温調理鍋に水だしを入れて、食材をひと煮立ちさせておきます。

一般の鍋に比べて、長時間高温をキープできるので、コトコト煮込んだりしなくても、夕方までには食材の芯まで味がしみてやわらかくなっています。しかも、光熱費の節約にもなりますよ。

夜寝てから朝までの時間でおいしい「だし」ができていて、昼間の忙しい時間で根菜類にいい味がしみ込む。

この間、私は何もしていません。

ただ、あとで味つけを調整できるように、朝の時点ではあまり味つけをしないように、あくまでも薄味にしています。

キャベツ、にんじん、玉ネギなどとソーセージでポトフをつくったり、鶏肉と根菜とサツマイモを煮ておき、夕方に麦味噌を加えて、さつま汁風のお味噌汁をつくったり。

保温調理鍋で、短い時間でアレンジがきくものをつくっておくのです（保温調理鍋がない場合は、鍋を火からおろしたらすぐに新聞紙等で包み、厚めのバスタオルなどをかけておきます）。

また、他にも野菜がたくさんあるときは、浅漬けをつくることもあります。白菜や大根などの大型野菜は、つい残りがちになりますよね。そんなときは、ジッパーつきの保存袋を使えば、簡単！　野菜をムダなく活用でき、保存するときも冷蔵庫でも場所をとりません。

朝に漬けておけば、夕方には味がしみ込んでいます（レシピ84・85ページ参照）。あとは夕方、魚を焼いたりすれば、あっという間にできあがり。夕食の準備にバタバタすることがないのです。

先に「手間の貯金」の話をしたように、いつも、「次」を考えて行動することが大事ですね。

朝のうちに夕食の下ごしらえをしたあと、パソコンを開け、メールをチェックします。

もちろん、仕事のデスクからはキッチンがよく見えます。パソコンの前にずっと座っていると疲れてしまうので、調べものの合間に掃除機をかけたりするのも、いい運動になっています。

前述の保温調理鍋を使っているおかげで、煮込み料理などをつくりながら仕事をすることはほとんどありませんが、どうしても**火にかけなければならない料理のときは、キッチンタイマーを使います。**

若い人でも、お鍋を火にかけていたことを忘れて大変なことに……という経験はあると思います。とくに年齢を重ねると、どうしても嗅覚が鈍くなるので、そんなうっかりを防ぐためにも、キッチンタイマーはおすすめです。

キッチンタイマーがない場合は、スマートフォンのタイマーアプリや目覚し時計を使うといいですね。

しかも、コンパクトな私の家の場合は、時々チラッと見るだけで、すぐにキッチンの様子がわかりますから、便利で安心です。

ハリハリ大根

冷蔵庫に残った大根が、
おいしいおかずに！

〈材料〉2人分

大根…4㎝くらい（100g）
にんじん…1/6 本（30g）
細切り昆布…少々
A＝しょうゆ…大さじ1、みりん…大さじ 1/2、
　酢…小さじ1

①大根は太めの千切りにして、半日以上干す（干すことで旨味が凝縮し、水っぽくならない）。

②にんじんは、細めの千切りにする。

③①、②と細切り昆布をジッパーつきの保存袋に入れ、Aを注いで袋の上から軽くもみ、空気を抜いて 30 分以上おき、味をなじませる。

※残りを保存するときは冷蔵庫で。

白菜のカンタン浅漬け

保存袋を使えば、
手軽に自家製浅漬けに！

〈材料〉2人分

白菜…1/10 株（200g）
塩…大さじ 1/2
細切り昆布…少々
ゆずの皮の千切り…少々

① 白菜は長さを3～4等分にして、縦に幅 1.5cm に切る。

② ジッパーつきの保存袋に①と細切り昆布、ゆずの皮の千切りを入れ、塩をまぶす。袋の上から軽くもみ、空気を抜いて 30 分以上おき、味をなじませる。食べるときは、軽く水気を絞る。

※残りを保存するときは冷蔵庫で。

何をどのくらい、いつ食べる？

毎日の生活の中で、私が欠かさず実践していることがあります。

それは、**まず「食事の時間を決める」**ということ。そうすることで、**その日の予定をスムーズに立てられ、体調もよくなります。**

時間がないからごはんが食べられないとか、とりあえず仕事がひと区切りしてから食べる、という人がいますが、私は逆だと思います。まず食事の時間をきちんと決めて、その間にやるべきことを効率よくやるのです。

このスタイルは、私は若いときから変わりません。

なぜなら、ちゃんと食べなければ健康が保てませんし、下手をすると病気になってしまうからです。元気でなければ頭も回転しませんし、いい仕事ができるとは思えないのです。

いい状態でものごとに取り組むためには、体調をよくしておかなければなりません。体調の決め手は、やはり「食事」です。**何を食べるかだけでなく、何をどのくらい、そして「いつ」食べるかが大切**です。

ちょっと難しくなりますが、人間の脳の中には〝体内時計〟があります。体内時計は、1日24時間ピッタリではなくちょっと多めの時間でリズムを刻んでいます。朝の光が目の網膜から入ることで、体内時計が毎日リセットされるのです。そのため、朝寝坊をしていると、「脳のリズム」と「暮らしのリズム」がどんどんずれていってしまいます。やがて、自律神経のバランスも悪くなります。

そうならないために、朝、目覚めたら窓を開けて、太陽の光を浴び、朝食を摂る。これによって体内時計をリセットするのです。

だからこそ、毎朝なるべく同じ時間に起きて、同じ時間に食事をする必要があるのです。

朝は食べないほうがいいという説を唱える人もいるようですが、脳と体のリズムを考えたら、それはよくありません。やはり、〝朝食は金の価値〟なのです。


ちなみに、私の1日の流れは、こんな感じです。

3階のワンフロアに私が住んで、1、2階は賃貸です。つまり私が大家さん。

朝は7時頃までには起きて、7時半にはゴミ出しと、大家さんとして建物の階段などの掃除です。それから朝食の支度《したく》をします。

朝食は、具だくさんの野菜スープと、自家製のカスピ海ヨーグルトに果物を2、3種とグラノラを混ぜたもの、そしてたっぷり牛乳が入ったカフェオレを飲みます。お米やパンは食べません。

それから洗い物をした流れで、夕食の下ごしらえ。

ある共働きの若い女性が言っていましたが、忙しく帰ってきて、短時間で夕食をつくろうと思うと、いつも肉野菜炒めになってしまうのだとか。

私も午前中に外出予定があるときは、難しいのでよくわかりますが、朝、ごはんを食べたあとのタイミングで、一品だけでも下ごしらえができていると、やはり夕方の余裕が違います。

スープをつくっておくことも多いですね。保温調理鍋はとても便利で、朝、野菜を入れておけば熱が通ってやわらかくなるので、夕方は味つけするだけで、いろいろな具だくさん汁に変身します。ある日のスープメニューを紹介しましょう。

＊＊

せんべい汁もどき

朝、ささがきゴボウ、にんじん、きのこ、ネギなどと、冷凍しておいた鶏肉をだしでさっと煮て、保温調理鍋に入れます。ここでは味はつけないままです。

夕方、さば水煮缶を缶汁ごと加え、めんつゆ少々で味つけ。せんべいを割って加え、さっと煮ます。さば缶の缶汁がおいしいだしになり、せんべいのモチモチ感が味わえます。

＊＊

さて、1日の流れの続きに話を戻しましょう。

在宅のときは、朝食後に夕食の下ごしらえが終わったらパソコンでメールチェックや原稿書き。途中で掃除機をかけつつ、仕事をします。

昼食は12時半頃。メニューはいろいろですが、基本的に前日の夕食の残り物を使ってつくります。

たとえば夕食にささみのコーンフレーク揚げをつくるとしたら、翌日のお昼用に少し多めにつくっておくのです。そして翌日のお昼には、フランスパンにサラダ野菜や玉ネギのマリネを入れて、コーンフレーク揚げを包んでチリソースを少々かけてベトナムサンド風に食べます。これにコーンスープなどをつけて。

午後も仕事をして、夕食はいつもは6時半頃に孫を連れて保育園から帰ってきた娘たちと食べます。

夕食は朝食後に下準備ができているので、あとは味つけをしたり、つくり置きのおかずを加えているだけなので、時間はかかりません。

ふつう「健康にいい食習慣」と言うと、「食べる順番に気をつける」とか、「よくかんでゆっくり食べる」などをイメージする方も多いようです。ですが、まずはここでふれたように、**「脳のリズム」**と**「暮らしのリズム」**を整えるために**「食事の時間」を一定にすることが大切**なのです。

私がおすすめするポイントは2点だけ。ひとつは**「朝食は午前9時までにすませること」**、もうひとつは、**「夕食は午後9時までにすませること」**です。

このシンプルなルールだけで1日のいいリズムをつくることができますから、ちょっと面倒でもやってみて損はないはずです。

「食」を大事に考えると、毎日の生活がシンプルで、かつ心地よいものとなっていくのを実感していただけると思います。

コラム

「1パック3切れ入り」で1切れしか使わないときは

毎日の暮らしの中で、無理せずに料理をしていくために、食材にひと手間かけて「ストック」をつくっておくと便利です。

根菜類、青菜類、種実類は栄養価が高いので、食べやすい工夫をして摂取したいもの。そんなとき、食べやすくしてストックできる力強い味方がミキサーです。たとえば、食べやすさも栄養も満点の野菜のペーストなどをつくって保存袋に入れ冷凍しておくと便利です（レシピ95ページ参照）。

保存袋には、必ず油性マジックなどで保存した日付を書き入れておきましょう。かぼちゃペーストなら解凍してポタージュにしてもいいですし、カレーに加えてみたり、ごぼうなどの根菜のペーストなら鶏ひき肉と片栗粉と合わせて「つくね」にするなど、アレンジも自由自在。

ミキサーを使うと、単純に体積が少なくなるので、コンパクトに保存ができるというメリットもあります。

その他、ミニトマトが余ってしまったときは、洗ってヘタだけを取って、保存袋に入れて冷凍しておきます。使うときにお水にくぐらせると、温度差があるために、薄皮がきれいに取れます。つまり、湯むきと同じことができるのです。

朝、何かスープが飲みたいというときに、冷凍ミニトマトと溶き卵と合わせれば、あっという間に「トマトと卵のかき玉スープ」ができます。

グンと料理づくりのハードルが下がる気がしませんか。

切り身の魚を買うにしても、パックに何切れか入っていて食べきれないことがあります。そうかといって1切れだけ買うのも高くつくし……。かえってもったいないし、面倒です。そんなときも冷凍庫が役に立ちます。

1パック3切れ分の切り身を買ったら、まず1切れは買った日に塩焼きなどにして食べます。残りの2切れは、みりんとしょうゆを各大さじ2分の1くらいずつ保存袋に入れて、切り身も一緒に入れて、冷凍してしまうのです。するど、冷凍している間に下味がつきます。解凍したら油を引いたフライパンで焼いて、みりんとしょうゆを少々足せば、簡単に照り焼きのできあがり。

他にも、保存袋にヨーグルト、カレー粉少々、チューブタイプのにんにくと生姜を少々入れて、カレー味のタレをつくります。その中に切り身の魚(さけ、たら、カジキなど)を入れて冷凍しておきます。解凍してオーブントースターなどで焼けば、タンドリーチキンのような、魚のタンドリーが簡単にできます。

保存袋の中に先にタレを入れてしまうのは、タレをつくるためにわざわざボウルを使うと、洗い物が増えてしまうからです。

いかがですか。少し目先を変えて保存袋を上手に使うと、おいしい魚料理が簡単にできて、洗い物も減りますよ。

シンプルかぼちゃペースト

ミキサーにかけておくと、
コンパクトに冷凍保存！

〈材料〉

かぼちゃ…1/4個（400g）
玉ネギ…1/2個（100g）
油（またはバター）…大さじ1
A＝水…2カップ、固形スープの素…2個

① 玉ネギは薄切りに、かぼちゃはワタと種、皮を除きひと口大に切る。

② 鍋に油（またはバター）を入れて玉ネギを中火で炒めてしんなりしたら、かぼちゃとAを加え、煮立ったらフタをして10〜15分ほど煮て粗熱を取る。

③ ②をミキサーにかけてできあがり。

※牛乳を加えると、あっさり味のかぼちゃポタージュに。残りは冷凍保存が可能。

※かぼちゃの他、にんじんやごぼう、茹でた青菜やきのこでもつくれる。

コラム

レトルトパックや缶詰で「献立力」はグンと高まる

シニア世代はご夫婦だけ、または1人暮らしという方が多く、気力・体力も低下するので、料理が面倒と言われるケースが増えてきます。

とくに、根菜や豆類など大鍋でつくったほうがおいしいものや、さばくのが面倒な魚などは、食べたほうがいいのはわかっていても摂りにくくなってきます。また、がんばってつくると今度は持て余してしまうという話もよく聞きます。

きんぴらごぼうや五目豆、炒《い》りおからなどはシンプルな味つけでつくって、小分けにしてから冷凍保存、解凍してからアレンジして使うのがおすすめですが、それも面倒というときは市販のレトルトパックを上手に利用してしまいましょう。

レトルトパックで売っているものは買い置きがきくので、買い物に出ないときにも重宝します。

また、そんなパック入りの煮豆を袋の中でつぶせば、あんこ状に。手づくりの和菓子も簡単につくれてしまいます（レシピ219ページ参照）。

また、魚の缶詰を使って料理をつくるのも「献立力」アップに役立ちます（レシピ221・223ページ参照）。

鮮度のいい魚が加工され、しかも空気にふれていないので、脳や血管の若返りにつながる栄養成分が酸化していません。その上、長期保存が可能で空き缶もリサイクルに回せるなどいいことずくめです。

3章

自分に合った「おいしさ」「心地よさ」を求めて

――〝量よりも質〟でとらえるとどうなる？

「食は命なり」を実感する年齢になったら

当たり前のようですが、「食」は、誰一人として例外のない、生きていく上で共通のテーマです。

私たちの髪や肌や爪、内臓や骨まで、すべて食べたものからできています。だからこそ、60代からの暮らしはコンパクトにしながら、しっかり食事をすることが大切です。

言うまでもなく、**食べることが健康を左右します。**

私が大切にしている言葉に、江戸時代の観相学《かんそう》（顔だちや表情などから、その人の性質や運命を判断したりする学問）の大家・水野南北《みずのなんぼく》の、

「食は命なり。運命なり」

というものがあります。

ご自身のことを思い浮かべてみてください。健康状態がよくなると、ものの見方が前向きに変わることでしょう。

お腹が痛かったり、頭が痛かったりしている状態で、ポジティブに考えられますか?

食が変わると健康状態が変わり、健康状態が変わると、ものの見方が変わってくる。物の見方が明るくなれば、性格まで変わる。性格が変われば運命までも変わる。

そう言っても言いすぎではないでしょう。

もちろん、食べることだけで健康が維持できない場合もあります。

たとえば、塩分を摂らないようにしていても血圧が高くなってしまう遺伝的な要素がある人もいます。

それでも、せめて自分でできることはコントロールしたいですよね。

食事は、1日に3回もある、健康ひいては幸せにつながるチャンスです。

ちょっとした心がけで健康につながるのは、やはり「食」なのです。


よく、「健康のために〇〇ドリンクを飲んでいます」などという方もいらっしゃいますが、たとえそういう「いいもの」を摂ったとしても、それを活かすために必要な栄養素を食事から摂っていなければ意味がなくなります。

食事で基本的な栄養が整っていてはじめて、効果が出るということは知っておかなければなりません。


何をどうやって食べるか。私たちは自分で選ぶことができます。

食によって、健康も性格も運命さえも変わっていくのですから、その選択を誤ってしまってはもったいないですよね。

「身土不二」を見直そう！

「食育」という言葉の生みの親である医師・石塚左玄《いしづかさげん》は水野南北（100ページ参照）の教えに影響を受けたとされ、「身土不二《しんどふじ》」という考え方を打ち出したことでも知られています。これは、人も自然環境と不可欠に生きているので、その土地でその季節にとれたものを主として食べることが大切だという教えです。生命は体全体の調和のとれた営みなので、自然界と調和してこそバランスが取れるという考え方です。一方、現代栄養学は「カロリー学説」が主体のため、食品に含まれる栄養素とその働きを中心に食べ物をとらえます。

便利な時代になりましたが、カロリーや栄養素だけでなく「身土不二」を見直して、地元の食材やつくる人、食材の旬などにも関心を持ちたいですね。食材も人も、自分に一番近い存在を大切にしたいものです。

あなたの「食」の原点は何ですか

「食」の大切さに気づき、それを長年にわたって仕事にもしているため、おかげさまで健康に不安のない日々を過ごしています。

今にして思うと、こんな私の原点は幼い頃にあります。そんな原点も思い出しながら、ちょっとお話しさせていただきますね。

私の実家は江戸小紋《こもん》などを扱う染物屋で、母も店先に出ていつも忙しくしていました。

江戸小紋とはきわめて細かい模様を型染めした着物で、それなりに値段が張るので、お客さまも買う前にはいろいろ考えます。接客にある程度時間がかかるため、母はお店にいる時間も長く、台所に戻ってごはんをつくることが難しかったのです。冷蔵庫もコンビニもなかった時代。

今はお腹が空いたらコンビニに行って何かを買ったり、冷凍食品や冷蔵庫の残り物を食べたりできるのでしょうけれど、当時はそんなこともできません。

弟も妹もいましたから、忙しい母に代わり、夕食づくりの担当は、必然的に長女である私になりました。それがまだ、小学1年生の頃です。

仕方がないのでまず、母の見よう見まねでごはんを炊き、味噌汁をつくり、卵焼きだけを焼きます。台所の水まわりも、今のようにステンレスではなく石だった記憶があります。私の身長では届かないので、みかん箱を床に置いてその上に立ち、母のエプロンをして。

疲れた母が戻ってくると、それはそれは喜んでくれました。「助かるわぁ、助かるわぁ」と言ってくれた言葉を、今でもよく覚えています。

それがうれしくて、またつくる。でも、さすがに毎日毎日、ごはんと味噌汁と卵焼きでは飽きてしまうし、何より母をもっと喜ばせたくて、他のものもつくろうと思ったのです。

そのときに見たのが、母が購読していた婦人雑誌の付録のレシピ。そのレシピの料理の写真を見ていると、**「世の中にはこんなに料理があるんだ」「どんな味がするのかな」と、興味がわく**わけです。

私は集団生活が苦手な子どもで、幼稚園、小学校から高校まで、学校には仕方なく通っているような状態でしたから、授業が終わるとすぐに帰ってきます。そして、料理の本などを見ていました。

小学1年生の頃はまだ漢字もろくに読めないので、母の手が空いているときに「これなんて読むの？」などと聞きながら、「醬油《しょうゆ》」「砂糖」「味噌」といった漢字も覚えました。

何せ「おいしいものを食べたい」一心ですから、すぐに覚えます。

だから、食べ物にまつわる漢字だけは苦もなく読めるようになりました。漢字が読めるようになると、今度はそのとき家にある食材で、できそうなものをつくるようになっていきました。

家は商店街の中にあったので、学校の行き帰りに会う八百屋《やおや》さん、魚屋さん、肉屋さんのおじさんやおばさんはみんな顔見知り。小学3年生の頃には、母に「買い物に行きたい」と言ってお財布を預かり、買い物カゴを持って自分で買い物に行くようになりました。

今思うと、私は店のおじさん、おばさんに食材の成り立ちや違いを事細かに質問する子で、聞くとどの店でも食材の特徴や栄養や調理方法をとても熱心に教えてくれたものです。

当然ながら、**お釣りのやり取りで金銭感覚も身につきましたし、買い物上手にもなりました。**

たとえば、私の母は1本100円の「まっすぐなきゅうり」と3本100円の「ちょっと曲がったきゅうり」があったら、1本100円のほうを買うような人。

でも私は、同じきゅうりなのに曲がっているかどうかで値段が違うのが不思議で仕方がない。だから八百屋のおじさんに質問します。すると、「それは箱に入りにくく曲がっているからだよ」と教えてくれるのです。

私はそんなおじさんの話を聞きながら、「そうか、きゅうりをお皿にそのままのせるならまっすぐなほうがいいけど、切ったら同じじゃないか」と気づきます。それで「3本100円のをください」と言って買う子でしたから、「買い物上手の京子ちゃん」なんて言われていました。

お肉屋さんに行けば、おじさんに「今日は肉じゃがをつくろうと思うんだけど、どのお肉を買ったらいいの？」と聞きます。

お店のおじさんも相手が子どもですから、高いお肉を売りつけたりはしません。**「肉じゃがをつくるんだったら、切れ端でいいよ。ちょっと脂があったほうが野菜がおいしくなるんだよ」**などと、教えてくれるのです。ここで、安くていい肉の選び方を知ることになります。

魚屋さんではおじさんが大きなまな板の上で、魚をさばいています。「おじさん、これ何の魚?」などと聞きながら、魚の名前やさばきかたを覚えていきました。

つまり、**商店街のおじさんやおばさんが、「食育」の先生だった**のですね。教育ではなく、暮らしの中で自然に身についていったのです。

親に教わるより、その道のプロから教わっていたのですから、恵まれていました。ものを見る目や選択能力、生きていく力は、こんなところからも育った気がします。

今はスーパーに行けば魚は切り身で売られ、野菜やお肉は調理ずみのお惣菜となって売られたりしています。私が子どもの頃とは暮らしが変わってしまったために、「食育」としてわざわざ教育しなければならない時代になったのです。

私が教えていた学生の中にも、お味噌汁がつくれない学生や、ひじきが海藻であることを知らなかった学生もいます。

知り合いの料理研究家の先生が、自分のアシスタントさんに「乾物《かんぶつ》（干ししいたけ）、戻しておいてね」と言ったら、棚に戻したという笑い話もあるくらいです。

世の中にはさまざまな美味なるものが存在し、それを自分でつくってありがたくいただく——そんな当たり前のことができなくなっている時代なのです。

まさか、自分が小さい頃に見ていた婦人雑誌の料理の仕事を、自分自身がすることになるなんて夢にも思いませんでした。

だからこそ、料理のレシピを書くときは、「もしかして幼い頃の私のような子が、全国のどこかにいるかもしれない」と思いながら、わかりやすい文章を書くようにしたり、家にある調味料の組み合わせでおいしくつくれるものを考えたりするようになりました。

だって、**おいしいものができあがって食べるのって、それだけでうれしく幸せな気分になりますよ**ね。

コンパクトな
暮らしの
ヒント

鍋は「数」も「大きさ」もサイズダウン

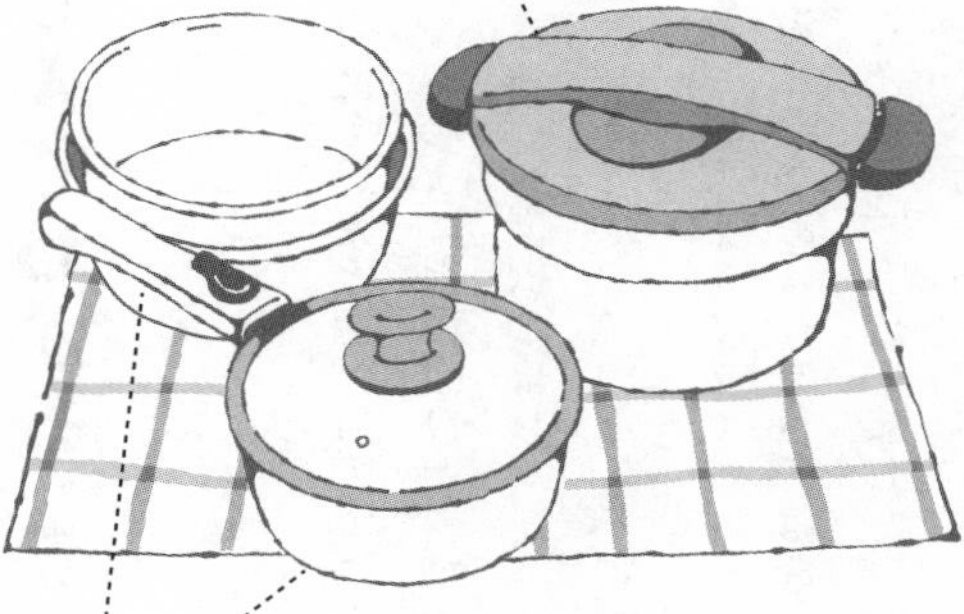
余熱で料理ができて
手間節約の「保温調理鍋」
取っ手をつけるとフライパンにもなる
鍋セット

＊鍋は使い勝手がよく、料理の〈手間〉と〈時間〉を節約できるタイプを。数が減ると収納もコンパクトに

健康食品、サプリ…の流行を見続けてきてわかること

私はかつて大学への進学を考えていたとき、母の「こんなに料理が上手なんだから、これを活かさない手はないわ！」というひと言で、大学の卒業証書と管理栄養士の免許を一気に取得できる道を選択しました。

子どもの頃はそれほど勉強は好きではなかったのですが、大学の授業を聞くようになって、はじめて勉強の面白さに目覚めたのです。

栄養学は化学が基本です。みんながあまり好きではない化学反応式ですが、なぜか私は「なんて素晴らしいんだろう」と思いました。だってすべての物質を構成する元素は、不足もムダもなく、新しいものへと生まれ変わるのですから。

また、自分の未来を照らすような指導をしてくださる熱心な先生との出会いも、

人生最大の宝だったと思います。どの授業も教室の最前列で聞いていました。

勉強の楽しさは、「知らないことがわかること」ですよね。小さい頃から、なぜだろう、どうしてだろうといつも思っていましたし、それは今も同じです。「どうして」「なぜ」という興味が尽きてしまったら、人生はつまらないと思うのです。

「なぜ」と思ったら、まず自分で試してみます。自分でやってみてわかることは、体にしみ込みます。うまくいくように自分で工夫を重ねていく中で、もっといろいろなことを知ることができる。勉強には終わりのない楽しさがありますね。

大学では生活習慣病と栄養のかかわりに興味がわき、病院などに研修に行きました。

そこである疑問が浮かぶようになったのです。

「偏った食生活をしていればやがてこういう病気になりやすい、と医学的にわかっていても、どうして人は病気になる前に食生活を変えないのだろう?」と。当時は、病気になる前の未病の人を啓蒙《けいもう》する仕事がありませんでした。それならば自分で試行錯誤して、**「病気を予防するための栄養学」の仕事**を切り開いていこうと思ったのです。そのため、大学を卒業しても、就職はしませんでした。

栄養学を予防医学に活かすためには、病気のメカニズムも含めて栄養の話ができなければなりません。教授の後押しもあり、大学の研究室に残り、医学部を目指すことにしました。

千葉大学の食品微生物学教室で食べ物と細菌の関係の勉強をし、そのあと、早稲田大学の体育生理学教室で栄養とスポーツをテーマに研究員を7、8年。最終的に東京医科大学の解剖学教室に入り、医学博士号を取得しました。

それ以後、「病気を予防するための栄養学」は新しい分野として注目され、本を出版したり、テレビ、新聞、雑誌の仕事につながっていき、講演会を行なうなど、仕事はどんどん広がっていきました。

また、先にも述べたようにプロ野球をはじめとするスポーツ選手に栄養指導を行なったり、食品・化粧品メーカーの商品開発やアドバイザーの仕事もしたりしました。


栄養士という仕事は、時代や社会、トレンドを映す鏡のような面があり、飽きることがありません。

自分の仕事を通して、**「食」は本当に、世の中のいろいろなところにつながっている**なと思います。食や病気ばかりでなく、スポーツや美容、エステ、金融機関とも。

豊かになってくると人間、どうしても食べすぎになり、それが病気につながります。そうするとお金に余裕がある人は、美食を楽しみながらも健康でいたいからと、健康食品に注目します。すると、健康食品メーカーに呼ばれることが多くなった時期がありました。

また、このビタミンが足りないと調子が悪くなる、この栄養素にはこんな効用がある、といった知識が一般の人たちにも広がっていくと、サプリメント人気が高まる。しかも、同じサプリメントなら健康食品メーカーよりも製薬会社がつくっているもののほうが信用度が高いと思う人もいて、製薬会社の仕事が多くなった時期もありました。

そうしたら次は、薬やサプリメントで健康になるのではなく、食品自体の機能性の研究が進む時代に突入。たとえば、トマトの中に含まれるリコピンがいいとか。

そして、食べることは病気を防ぐだけでなく、パフォーマンスを上げる役目としても注目されはじめ、スポーツ栄養学の仕事にもつながりました。

そのうち食べ物はスポーツだけではなく、髪の毛も肌も爪も全部食べ物からできているから、美容とも関係が深いことが言われはじめ、エステ業界や化粧品メーカーの仕事に広がっていきました。

次に来たのが、アメリカでの健康ブームの影響です。〝突き出た腹〟は富と権力の象徴という時代は終わり、自分の腹さえ引っ込められない人は仕事の能力がない、トップはスーパーヘルスでなければならないという考えのもと、自分の体型に気を使う時代です。すると、金融業界を中心とした経営者などのエグゼクティブからの依頼が増えてきました。

ざっと私の仕事の変遷を見ただけで、食品メーカー、製薬メーカー、スポーツ業界、美容業界、金融業界など、「食」はあらゆるところにつながっていることがわかります。

社会が変われば「食」が変わる。

食は本当に社会と密につながっています。だから面白いのです。

もうそろそろ料理も「見た目」から解放されていい

長年、「食」の仕事にたずさわってきて気づいたことがあります。それは、**「食事は楽しくなければダメ」**ということ。

人生を豊かにしてくれる食生活にとっては、豪華なフルコースの食事より、ちょっとしたおいしい果物やお菓子であっても、それで楽しい時間を過ごすことがずっと大事なことなのだと思います。

知り合いの栄養士さんから、とても興味深い話を教えてもらいました。

彼女は老人ホームで仕事をしているのですが、そこには、認知症のお年寄りがたくさんいます。その中に、食事をした途端に食べたことを忘れるおばあさんもいるそうです。ホームには、スタッフがゆっくり食べさせてあげないと食事ができない人がいる一方で、自分でさっさと食べられる人もいます。

スタッフがゆっくり食べさせている間に、自分で食べられる人は食べ終わってしまうため、認知症があると、「私にはごはんをくれない！」と言い張るのだそうです。そうすると、忙しいスタッフは最初はなだめていても、ときには「さっき食べましたよね！」と言ってしまうこともあります。

でも言われたほうは、本当に忘れてしまっているから、とても悲しそうな顔をするのだそうです。「私にだけ、ごはんをくれない」と。

その様子をこの栄養士さんは見ていて、どうせ忘れてしまうなら、「いい忘れ方」をさせてあげようと思ったのです。

ごはんをくれないと騒いでいるおばあさんに、声をかけました。

「おいしい新米の季節ですね。コシヒカリっていうお米、知っている？」

もちろん、「知っている」と答えます。

そこで「新米のコシヒカリの炊き立てって、おいしいと思わない？」と言うと、

「そうだね」と返します。そしてこう言うのだそうです。

「今ね、ちょうど炊いているところだから、炊き上がったら○○さんに一番に持ってくるからね、ちょっと待っててね」

こう話すと、本当にうれしそうな顔をするとか。でも数分後には、「炊き上がるのを待っている」ことも忘れてしまうのですが……。

「どうせ忘れるなら、脳がイヤな信号を受けるような言葉は発しないで、いいことが脳に浮かぶような会話を心がけているんです」とその栄養士さんが言ったとき、思わず私は、「あなた、天職ね！　素晴らしい！」と言いました。

たとえ認知症が進んでいても、人はおいしい食べ物のことは覚えています。食べ物の力は本当にすごいなとあらためて思いました。大好きな食べ物のことを思い浮かべて、うれしそうな顔をしない人はいませんよね。

私たちは、たんに食べ物の「成分」を食べているわけではありません。栄養計算をして、栄養満点の完璧な食事をしたから幸せというわけではないのです。

この栄養士さんのように、**ちょっとした言葉をかけるだけで、同じ食事が幸せ**

な食事に変わります。

かつて娘が小さいとき、保育園の行事でお弁当を持っていくことがありました。そんなときは、いわゆる「キャラ弁」のような料理の本に出てくるカラフルなお弁当を張り切ってつくったものです。

遠足があった日、娘に「今日のお弁当どうだった?」と聞くと、「イマイチだった」と言います。「どうして?」と聞くと、「〝日本人の魂〟が入っていなかったから」との答え。不思議に思って、次の日に保育園に娘を送っていったときに先生に尋ねてみました。すると、こんなことがあったそうです。

娘のお友だちの中にはアレルギーがあって、色どり豊かなお弁当にはならない子がいました。その子が、うちの娘のお弁当を見て、「おいしそうで、うらやましい!」と言ったのです。

そのときに先生が言った言葉が忘れられません。

「○○ちゃんのお弁当もきれいでいいけど、△△ちゃんのお弁当は日本人の魂が

入っているからすごいね」と。

日本人の魂とは、梅干しの入ったおにぎりのことでした。以来、うちの娘にとっての「いいお弁当」は日本人の魂が入っているお弁当になったのです。

それからは、お弁当をつくるときに「何を入れる?」と聞くと、娘は「〝日本人の魂〟が入っていればいいよ」と答えるようになりました。先生の言葉かけひとつで、お友だちのシンプルなお弁当は自慢のお弁当に変わったのです。

食べ物は感性にダイレクトに響きます。たとえば、この食べ物の中にビタミンとカロテンが入っています、と知ることはたしかにいいことです。でも食べることそのものが、私たちが生きる上で重要です。

そして、人が一生のうちで食事をする回数には限りがあります。とすると、**年齢を重ねるほど1回1回の食事の重要度は高まる**のではないでしょうか。

ですから、この栄養素が入っているから体にいいですよ、ではなくて、60代からは食べること自体をもっと大切にしていかないと損なのです。

「ブルーベリーは目にいい」という話

これは実は、イギリス空軍のパイロットが毎朝トーストにブルーベリージャムを山ほどのせて食べていたら、暗闇で敵兵を探すときによく目が見えたというエピソードから来ています。つまり、暗闇でいかにものが見えるかという「明暗反応」に役立ったという話であって、視力そのものがアップしたと言っているわけではありません。私たちに役立つとすれば、せいぜい映画館に入ったら席が早く探せるという程度のことかもしれません。

ちょっと専門的になりますが、このように理解してしまうのは、ブルーベリーに含まれる、目にいいとされるアントシアニンやルテインという成分が何であるかをふまえずに、「目にいい」と言われて「ふーん」と納得してしまうから。基本的な知識がないと、情報に振り回されてしまいます。

「粗食」にすればいいわけではない

最近、講演会やセミナーなどで、みなさんからよく質問されます。

「栄養バランスのいい健康的な食事とは何でしょうか」と。

とくに年を重ねるほど、健康のために食事で気をつけなければならないことが、どうしても増えてきてしまいます。

基礎代謝は自然と下がってきますので、それまでと同じ食生活を続けていては太りやすくもなります。

かといって、タンパク質やミネラルなど、体にとって必要な栄養素が少なくていいわけではありません。

ですから、**たんに「粗食」にすれば体にいいわけではない**のです。

カロリーに気をつけながら、きちんと栄養を摂ることが重要です。賢く食べなければいけない年齢になったのですね。

戦後、私たちの食のスタイルは大きく変わりましたが、**本来、日本の食事は「一汁三菜《いちじゅうさんさい》」が基本**。

食べる量が適量でカロリーもちょうどよく、しかも栄養バランスが保たれるということを、日本人は経験的にわかっていました。

ところが今は、

・一人で食べる**「孤食」**
・自分の好きなものや決まったものだけを食べる**「固食」**
・家族が同じ食卓に集まっても、それぞれ別々のものを食べる**「個食」**

も増えています。

しかも、その料理の中身は大皿に入った揚げ物や炒め物が中心。お父さんの好きなもの、息子や娘が好きなものが入り、嫌いなものはそもそも食卓に並びません。

大皿料理の場合、どうしても主菜に偏りがちなメニューになってしまいます。家庭の食卓が、一汁三菜からはほど遠い状態になっているのです。

そもそも、若い人の中には一汁三菜を知らない人が増えています。

一汁三菜の理想の一例をあげるなら、ごはん、汁物またはお茶に、焼き魚、酢の物、和え物（または煮物）といったところでしょう。

3種のおかずのうち、メインのおかずは肉や魚、または卵や豆腐料理にし、残りの2種は、野菜やきのこ類、海藻小鉢料理などで摂るのが理想です。

一汁三菜のメニューにするだけで、わざわざカロリーや栄養バランスを考える必要もありません。

現代の献立ではどうしても主菜から考えがちですが、本当は**副菜を中心に考えて、主菜をあとから決める**のでもいいのです。

とくに年齢を重ねれば重ねるほど、高カロリーな主菜よりも副菜を大切にしたほうがいいでしょう。

私が実践しているのは、たとえば、野菜の煮しめと酢の物、野菜炒めと煮びたしなど、まず副菜の野菜料理を2つ考えること。

それに合わせて、主菜は肉にしようか魚にしようかと、あとから組み合わせています。

そして主菜が1つ、副菜が2つあったときに、その3つの料理法が重ならないようにするのが大切です。

煮物ばかりだと味が濃く、塩分が高くなってしまいますし、炒め物や揚げ物など油を使ったものばかりだと、**カロリーが高くなってしまうので、調理法や味を変えるのがコツ**です。

カロリー計算などしなくても、栄養計算が感覚的にできるようになれば理想的です。

そして、先ほどお話ししたように、最近は大皿料理が食卓に増え、小鉢を見かけなくなりました。

炒め物や揚げ物などの〝ご馳走感〟ばかりが目立って、和え物や酢の物のようなものが食卓から消えつつある……と危惧しています。

小鉢料理を献立に取り入れることで、栄養バランスがよくなりカロリーを抑えることもできるのです。

体力が落ちているときに、おすすめの食べ物

疲れがたまると、食欲がなくなってきますよね。でもそんなときこそ、消化されやすくノドの通りがよいものを食べて、ゆっくりと体を休めることが大事。

おすすめは「煮そうめん」です。茹でたそうめんを市販のめんつゆを薄めた汁でさっと1～2分煮るだけでつくれます。溶き卵を流してかき玉そうめんにしたり、刻んだ青ネギとおろし生姜をたくさん入れて焼きのりを散らしたりします。食べているうちに元気がわいてきます。

風邪で熱がありノドが痛いときには、「くず湯」をつくります。市販のリンゴジュースでくず粉（または片栗粉）を溶き、とろりとするまでかき回しながら火にかけ、おろし生姜をのせます。また、旨味《うまみ》と塩気があると食欲がわくので、塩昆布にお湯や冷水を注いだ「塩昆布水」もいいですよ。

量より質——「バイキング」の新しい楽しみ方

年齢を重ねてくると、量をたくさん食べなくなってくるもの。だからこそ、食事の内容がより重要になってきます。

その点で、前項でお伝えした「一汁三菜」に加えて、ぜひ知っておいていただきたいのが、**「五色《ごしき》」「五味《ごみ》」「五法《ごほう》」**です。これは外食のときのメニュー選びにも役立ちます。

これは和食の世界での言葉ですが、**5つの色の食材、5つの味つけ、5つの調理法を意識すれば、自然にバランスのいい食事内容になる**という教えです。

5つの色の食材と言うと、かなりカラフルになるイメージです。すべてそろえ

るには、副菜に野菜を使う必要があります。一例をあげれば、

・白――ごはん
・黒――わかめのスープ
・赤――紅ざけの切り身を焼いたもの
・黄――かぼちゃの煮物
・緑――小松菜のからし和え

これで五色がそろいます。

こうして食事がカラフルになるように意識するだけで、自然と栄養のバランスが整うのです。

また、五味は、**「甘味」「塩味」「酸味」「苦味」「旨味」**という5つの味です。

私たち日本人は、かなり意識をしないと甘味や塩味に偏りがちになりますから、

酸味、苦味、旨味を積極的に取り入れていく必要があるでしょう。

そして、五法は、**「生」「煮る」「焼く」「揚げる（炒める）」「蒸す」**の5つの調理法のこと。

この5つの中から、なるべく多く取り入れるようにします。最近では、どうしても炒め物、揚げ物が多くなりがちですが、どれかひとつの調理法に偏ってしまうと、栄養バランスも偏ります。

とくに外食では栄養バランスが偏りがちですが、この「五色・五味・五法」をチェックすることでバランスがよくなり、塩分もカロリーも控えめにできます。

まず外食でメニューを選ぶときは、見た目がカラフルかどうかをチェックします。

次に煮物ばかり、炒め物ばかりなど調理法が偏っていないか、そして味がしょうゆ味だけ、塩味だけになっていないかを見るのです。

それさえ知っていれば、**外食での〝バイキング〟や〝ビュッフェ〟とも上手につき合えます。**

数多くの食材がさまざまな味つけ、調理法で並んでいますから、「五色・五味・五法」を手軽に満たすことができます。

若い頃と同じように好きなものを好きなだけ食べようとするのではなく、**カラフルな見た目を重視して賢くメニューを選ぶことで、ふだん偏りがちな栄養素を補強することができます。**

「健康寿命」のために、外食を控えなければ……なんて我慢してしまっては、本末転倒です。何よりも食事は楽しむことが大切なのですから。

テレビの「食レポ」のような貧しい感想ではつまらない

フランスでは、秋に「味覚の1週間」という国をあげてのイベントがあります。私は現地を訪れてセミナーに参加したり、味覚教育の第一人者のピュイゼ先生の勉強会にも参加させていただいたりしました。

先生がおっしゃったことで最も心に残ったことは、**「おいしく味わい、味わったことを言葉にする訓練が、人を豊かにする」「きちんと味わうことをしないと、語彙《ごい》力が衰える」**ということ。

たしかに、どういうふうにおいしかったかを表現するのは難しく、豊かな感性と語彙力が必要です。

ただ「やわらかかった」と言っても、どういうふうにやわらかいのか、きちんと味わっていないと表現できませんし、相手にも正確には伝わりません。

フランスでも、そのようなことを表わす言葉がどんどん消えていっているのだそうです。

だからこそ、そのことに危機感を覚えた人たちが味覚教育に関心を持ち、今や国をあげての最大のイベントになっているとのこと。

かつての日本も、そういう点においては負けていない国のはずだったのですが、テレビ番組のいわゆる「食レポ」の多くは、「やわらか～い」でおしまいです。

しかもいつの間にか「やわらかい」が「おいしいこと」になってしまっています。

「やわらかい」から「おいしい」わけではないですよね。きちんと味わうという意識がどんどん減っているからでしょう。

私は食べ物としっかり向き合って、きちんと味わうことをずっと大切にしてきました。

我が家では毎年のように、ゆずや生姜を山ほどいただきます。いただいたものはきちんと味わい切るようにしています。

まずはいろいろな人におすそ分け。そのあと冷凍したり、甘酢漬けやシロップ漬けなどにし、それでも余ったものはウォッカに漬けました（139ページ参照）。焼酎に漬けた年もあります。

ゆずは半分に切って種を出し、ザク切りしてみりんと砂糖で煮ておきます。ジャムとして使ったり、ゆず風味の煮物や和え物に活用したり、お湯を注いでゆず茶にします。

また、残った種はアルコールにつけて化粧水をつくったりもします。無農薬のゆずなら安心です。

ゆずはまるまる1個、ヘタ以外は捨てるところがないのです。

生姜やゆずを送ってくださった方には、どうやって使っているか、写真を撮って送るようにしています。

そういうコミュニケーションができるのも、食べ物のやり取りをするいいところでしょうか。


生姜のピリッとした辛《から》さとか、ゆずのほろ苦さを楽しみながらいただきます。とにかく**食べ物をあれこれ工夫することが本当に楽しい**のです。それを「おいしい」と言ってくれる人がいたら、つくりがいもありますしね。

冷蔵庫がなかった昔は、こんなふうにして食べ物を大切に保存して、おいしくいただくことを当たり前にやっていたはずです。


便利な世の中になり、冷蔵庫で保存できるだけでなく、スーパーでもコンビニでも、３６５日24時間、食べ物が自由に手に入るようになりました。

ですがその反面、一つひとつをきちんと味わうことが少なくなってきたように思います。

あれこれとたくさん食べるのではなく、**それぞれの食材の味をしっかり感じながらいただく。**何もレストランや特別なイベントでなくとも、ふだんの3食でそんなふうにできれば、うるおいのある暮らしになると思いませんか？

60代からは食べる絶対量が減るだけに、それまで以上に「コンパクトで質のいい食事」が大切になってくるのです。

生姜はウォッカ漬けで1年間常温保存

生姜は冷ややっこなどの薬味には欠かせませんが、一度に使う量が少ないので気がつくと冷蔵庫の中で青カビまみれになっていたり、干《ひ》からびていたり……。以前は使い残しはそのままか、すりおろして冷凍、あるいは、カラカラに干《ほ》して保存していたのですが、数年前からはウォッカに漬けて常温保存しています。

つくり方はいたって簡単。生姜はきれいに洗って皮つきのまま使いやすい大きさに分けてから水気をペーパータオルでふき取り、傷《いた》んだところがあれば除きます。清潔な保存ビンに入れ、生姜が完全に浸る量のウォッカを注ぎます。常温で1年間はフレッシュなまま。使うときは必要な分を菜箸などでつまんで取り出します。また、漬け込んだウォッカは青魚や豚肉の煮込みに使ったり、はちみつを加えてジンジャーハニードリンクなどに。

コラム

1本の「おいしいにんじん」ができるまで

事あるごとに思い出す「にんじんの話」があります。

にんじんの種を畑に蒔《ま》くときには、3粒ずつ、3㎝間隔で蒔くと教わりました。

小さな種ですが、1カ所から3本ずつ育ちます。育ってきたら、1本ずつ間引き、2本ずつになったところで、また1本間引きます。その後、さらにその間を1本ずつ間引きます。

つまり、3回間引くことになるのですが、そうしないとにんじんは育たないそうです。

畑の先生によると、理想は12㎝間隔で1本ずつ、にんじんが実ることなのだそうです。それならば、最初から12㎝間隔でひとつずつ種を蒔けばいいじゃない、と思いますよね。

でもそれをやってみると、やはりにんじんは育たない。あまりに種が小さいので、発芽するときに熱エネルギーが少なすぎてしまうのだそうです。だから最初は3粒ずつ蒔く。

そして3粒の熱エネルギーを合わせてやっと発芽するのです。けれど、力を合わせて発芽しても、間引かれてしまう。

このことを人間の人生に置き換えて考えてみると、どうでしょう。

人はいろいろな経験をし、それを吸収しながら成長していきます。成長のために必要な経験もあると同時に、間引かれてしまう経験もある。本当はひとつも間引かずに、全部活かしていきたい。

でも、間引かれてしまうものにも、必ず意味があります。

そうでないと、活かすべきものが大きくならない。間引かれる経験があるから成長できるのです。

では間引かれることは、かわいそうなのでしょうか。

そうではありません。

にんじんで考えると、成長したものを、どうしてあげることが一番いいのか。それは、どうやって食べれば、にんじんの命を全うできるのかを考えることにつながります。

たとえばにんじんの葉は、フレッシュハーブと同じで香りもよく、とてもおいしいのです。間引いたにんじんの葉でつくる「チヂミ」のおいしさは忘れられません。

また、にんじんには、「にんじん色の虫」がつくのです。保身の術ですね。こんなことさえすごいなと感動してしまいますし、それらを知ることで楽しくなってきます。

コラム

「とうもろこし畑」での思いがけない出来事

畑にいると楽しい発見だらけです。

とうもろこしを育てると、ベビーコーンが出てきます。とうもろこしの赤ちゃんですね。

ベビーコーンをよく見ると、金髪のような毛が生えています。お日さまに当たるときれいだなと思って見ていると、その毛が、とうもろこしの粒の一つひとつにつながっていることに気がつきました。

そんなふうに畑で感心していたら、一緒に畑の作業をしていた方が、

「ベビーコーンのひげ根、食べたことある？」

と言います。「ありません」と答えると、「さっと茹でて、甘酢をかけて食べる

とすごくおいしいよ」とおっしゃいます。

家に帰ってやってみると、これが本当においしい。発見の連続です。


こんなこともあります。

収穫後のとうもろこしの茎《くき》は、真夏の日差しが強いときに畑に寝かしておきます。そうしてカリカリに乾かします。

ちょうどその頃に長ネギの苗を植えるのですが、根元のところにこの乾燥したとうもろこしの茎を入れておくと、土がフワフワになってネギが上手に育つことも知りました。

収穫後、つまり命を終えたあとも役に立つ。とうもろこしはすごいなあと、またまた感心です。

畑にいるのは野菜たちだけではありません。

あるとき、種を蒔いていると、電線から鳥がこちらを見ています。鳥は本当に目がいいらしく、次に畑に行くと、鳥が種を掘り起こして食べてしまっていて発芽していません。「『鳥の目』と言うけれど、こういうことなのか」と、気がつくことばかりです。

この「気がつく自分でいる」ということが大事なのだと思います。

同じところに行っても、同じことをしても、何も気がつかない、何も感じない人もいます。気がつくことが、人生を豊かにしてくれます。それが次の発見につながって、ますます楽しくなる。

人はいくつになっても豊かになれるし、そのための方法はたくさんある――そう畑が教えてくれます。

4章

食器もお鍋も…今の「3分の1」でも全然大丈夫

——面白いように「食住衣」は〝ダウンサイジング〟できる

「手放す」「手放さない」の間違いのない判断基準

ごく自然なことですが、年を重ねるにしたがってだんだん体力も判断力も落ちてきます。だからこそ私も、60代半ばになってこれからのことを考え、**ストレスなく身の丈にあった暮らし**を送っていきたいと思うようになりました。

だからこそ、これまでお話ししたように家をリフォームするときに、住まいの規模を「3分の1」に小さくする〝ダウンサイジング〟をしたのです。

50代まではあれこれと忙しい毎日。

雑誌などの料理撮影もたくさんこなし、料理のアシスタントさんも、2人に手伝ってもらっていました。

でもそろそろ彼女たちにも独立してもらいたいと思うようになりました。また、ハーブやアロマテラピーの専門店もやっていて、毎月セミナーを開いてたくさんの人をお呼びして……とフル稼働していたのです。そうしたお店も閉めることにしました。

つまりもう、必死で仕事をするという時代を終わりにしたいと思ったのです。「アシスタントさんがいないと仕事が回らない」という状態ではなく、自分の体力と能力に合わせて仕事をしたい。

もちろん、**元気とやる気が続く限り仕事はしていきたいのですが、仕事を選んでもいい年齢になったのではないかと思ったのです。**

驕《おご》っているわけではありません。他の人ができることは他の人にやっていただく、若い人に譲れる仕事は譲っていく。あとは、自分にできる仕事だけをやっていきたいと考えたのです。

年とともに仕事の内容も変わってきて、これからは自分の経験を世の中のお役に立ててもらえるような仕事を中心にしていこうと思っています。

そうした心境の変化もあって住まいの規模を3分の1にダウンサイジングすることを決めたわけですが、暮らし方のすべてをコンパクトにする必要がありました。

私が体験談を話すと、みなさん、整理しようと思っても、「もしかしたら使うかもしれない」という気持ちが出てきて、なかなかできないと言うのです。

大切なのは「何を捨てるか」より、「捨てられないものは何か」です。そのためには**「何を大切にして生きていくか」**がポイントだと思うのです。

私もまず、あふれたものをどうするかではなく、「これからどう生きていくか」を一番先に考えました。そうすれば、おのずと必要なもの、必要ではないものが見えてきます。

そして「捨てる」とは、ただたんにものを処分するのではなく「手放す」ととらえ、自分の手元を離れたあとのことも考えて対処するのが大事だと思うのです。

私が生きる上で何よりも大切にしたいことは、「食べること」。

いよいよ体がいうことをきかなくなるときまでは、自分の食べるものは自分でつくりたいと思ったのです。

だからこそ、料理をするのが苦にならないようにするためには、キッチンを暮らしの真ん中にしたい、というのが希望でした。

キッチンを部屋の真ん中にする利点は、前にお話しした通りですが、実際に生活してみて大正解だったと思います。

自分はこれからどう生きていくか、何を大切にして生きていくか――。

「他人」と「過去」を変えることはなかなかできませんが、「自分」と「未来」はいくらでも変えていくことができます。

もし、ものを減らせないと悩んでしまうときは、**「これは〝未来の自分〟のために必要だろうか？」**と自分に問いかけてみてはいかがでしょうか。過去にとらわれて生きるのではなく、自由に未来を生きるために大切なことです。

ものを減らす作業はあせらず、張り切りすぎず

これからも「食べること」を一番大切にしていきたい。キッチンをフロアの真ん中にしよう——。

そう決意してダウンサイジングをはじめようとしたものの、かなり大がかりなものになりました。

新しいキッチンはフロア中心の大きなスペースを占めるので、残りの場所でどの程度収納できるかと考えると、実際は身のまわりのものすべてを「3分の1以下」にしなければならなかったのです。

そのまま捨てるのはものに申し訳ないので、私の手元を離れたあとの「活かし方」を考えました。そこで不要になったものを棚に並べ、家にいらした方に「必

要なものを持って行って」とお願いしました。

東日本大震災の被災地でおしゃべりができる施設をつくりたいという知人には、食器や本をお送りして使っていただいたり。

またお弁当やお菓子を販売している知人には、お菓子づくりの本と一緒に食器を段ボールに詰めて送りました。もちろん必要かどうか聞いてからですが。

いろいろな方が受け取ってくださいました。〝もののリレー〟ができたのは、まわりの人のおかげです。

たとえば、食に関係ありませんが、亡くなった主人の背広は、顔見知りの宅配業の方にお譲りしました。ふだんの仕事では背広を着る機会はあまりないでしょうが、「必要な人」に「必要なもの」を役立ててもらえればと思ったのです。

これからお子さんの行事だとか、機会があれば背広が必要なこともあるでしょう。ただ、サイズの合う合わないがあります。ですからその方に頼んで、「サイズの合う方に差し上げてください」と伝えたら「仲間に分けます」と言って、もらい手を探してくれました。デザインの流行があるので、なるべく早めにもらっていただきたいと思ったのです。

どうしてももらい手がなくて残ってしまったものは、最終的に処分したいものを家の前に並べて、**「不要品です。使ってくださる方がいらしたら、声をかけずにお持ちください」と貼り紙**をしておいたら、全部持って行っていただけました。

ここまでものをダウンサイジングするのに3年くらいかかりましたが、基本的に捨てたものはありません。

ものを捨てるという行為は、どうしても罪悪感が伴います。

でも、こんなふうにもらいたい人にもらってもらう、必要な人のところに送る、もらって喜んでいただける人にあげることができれば、ものに対して感謝の気持ちで手放せますし、私自身も気持ちがいい。

とくに仕事柄、調理器具や食器は人一倍ありました。

洋服だと「体型が変わるかもしれない」「年齢とともに似合わなくなるかもしれない」「流行遅れになるかもしれない」などと手放す基準がありますが、調理器具や食器はそういうわけにはいきません。

ですから手放すときに、「これからの私は、何人分のごはんなら、気持ちよくおいしくつくれるだろうか」と考えたのです。

家も小さくなるし、体力も落ちてくる。誰かにつくるときにストレスを感じたくはないですし、「あー疲れた。もう二度とつくりたくないわ」なんて気分にはなりたくない。そう思って何度か試してみて、負担なく楽しくつくれると実感したのが6人分だったのです。

だからダイニングテーブルも6人だけ座れるようにつくり、食器も6人分だけ残しました。そう決めたら、手放していいものがハッキリわかります。

ものを減らした結果、探しものをする時間も減り、いいことばかり。

ただ、あまり張り切りすぎて、一気に片づけようとせず、長期計画で進めることも重要です。私がダウンサイジングを終えたのも、思い立ってから3年後。急いで作業をすると、日々の暮らしに負担がかかります。それに、あせって処分すると後悔を招きかねません。最低でも半年から1年くらいは時間をかけたほうがいいと思います。

自分の居場所――箸&箸置き、ごはん茶碗

最近は、電車の中で、あるいは歩きながら何かを食べている人を見かけます。こうならないためにも、家で食事をするときは、自分の椅子、箸、箸置き、茶碗を決めてほしいと思います。いつもの席に、いつもの箸や箸置き、茶碗をセットして食事をすることが大切だと思うからです。たとえ買ってきたお惣菜でも自分の器《うつわ》に移し、自分の場所で食べるようにしたいもの。

昨今は、みんなが自分の居場所を求めている時代などと言われますが、食卓での居場所が決まっていることが大切。いつもの席にきちんと食器が並んでいれば、たとえそこに居なくても、その人への思いやりが生まれます。3歳の孫にはいつも同じ席に座らせ、家族の箸と箸置きを並べてもらっています。そのため、孫は仕事で帰りが遅くなる「パパのごはん」をいつも気にかけています。

家の中で「場所を取っているもの」を見直す

ものを減らしていくには、「活かす」ことを考えることが重要です。

そのひとつの形としてリフォームのときにつくったのが、畳のスペース。それまではずっとベッドの生活でしたが、ベッドは大きい分、どうしても場所をふさいでしまいます。そこで、ベッドをやめて畳に布団を敷いて寝るようにしたのです。**〝布団派〟ならば日中は、その畳スペースは他のことに活かせます**よね。

暮らしをコンパクトにするためには、家の中で「場所を取っているもの」をどうにかできないか、見直してみることをおすすめします。

この畳スペースはリビングやキッチンより一段高くして、畳の下は引き出し式

コンパクトな
暮らしの
ヒント

「場所をふさいでいるもの」が
なくなるだけで……

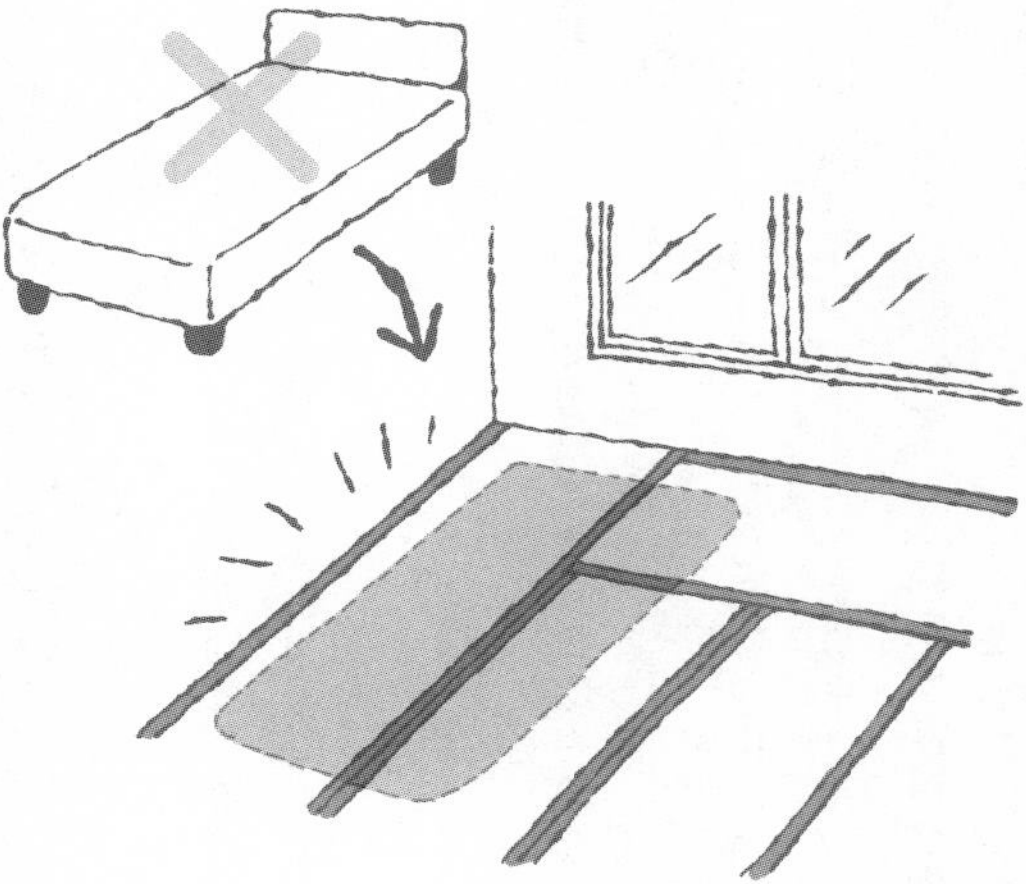

＊たとえば、ベッドをやめて“布団派”に。
日中は畳スペースが有効活用でき、
布団の上げ下ろしで足腰の運動にも！

の収納にしました。

ちなみに引き出しの手前にはキッチンで使うためのエプロンやクロスを入れ、この引き出しに入りきらない量は持たないと決めています。

そう言えば100歳で亡くなった父は、90代半ばまで布団の上げ下ろしを自分でやっていたせいか、足腰が丈夫な人でした。布団派にすると、そんな利点もあるのかもしれません。


ところで、この「活かす」という知恵は、食文化にも息づいています。

たとえば「ちらし寿司」。

日本は湿度が高いので、食べ物はどうしても傷みやすい。昔は冷蔵庫がありませんから、保存するには塩漬けするか干すしかありません。

だから「乾物の日」を月に1回決めて、主婦たちは日々の食事で残ったかんぴょうやしいたけ、高野豆腐などの乾物を少しずつ日に干していました。

そして、娘の健康や長寿を願うひな祭りの日には、その乾物を別々に炊いて、ごはんに入れてちらし寿司をつくったのです。

つまり、残り物を上手に活かして、変身させたのがちらし寿司。「ムダにせず活かす」節約の心を伝えながら、それが豪華なごはんになることを教えたのです。

「ひなあられ」も同じです。

毎日毎日〝おひつ〟にごはん粒が残ります。洗う前にそれを全部集めて干して、缶などにしまっておくのです。1日10粒集めたとしても、1年間で3650粒にもなります。

それとお正月のお餅の残りの切れ端を小さく切って干したものを一緒にしてひなあられをつくるのです。節約の心とともに、毎日を丁寧に暮らすことを大切にしていたのですね。

昔は母親が、そういう姿を娘に見せることが大切でした。

その頃は外で仕事をする女性は稀《まれ》で、お嫁に行くことがほとんどだった時代。夫が稼いだお金をムダにしないで食べ物を全部大切にしているところを、母親は嫁ぐ前の娘に見せていたのです。

教え子のひとりが幼稚園の先生をしていて聞いたのですが、今の園児たちの中には、冷たいごはんを食べたことがない子がいるそうです。炊飯器には保温機能がついているので、家のごはんがいつも温かいのですね。だから朝、お母さんがつくったお弁当がお昼に食べる頃に冷たくなっていると、食べられない子がいるのです。

冬の間はストーブがあるので、ストーブの上にお弁当箱を置けば温かくなって食べられるのですが、春になって温められなくなると、そういう子のお弁当には、お米ではなく蒸しケーキや蒸しパンが入っているのだそうです。

少し大きくなって、回転寿司にでも行ったら、そこではじめて冷たいごはんがあることを覚えるのかしら、などと思ってしまいました。

いつもいつも温かいご飯を食べられる現代と、おひつについている米粒ひと粒ひと粒を大切にしていた時代。深く考えさせられる話ですね。

便利さを引き替えに失っていることもたくさんありそうです。それに気づかない怖さも感じます。

私が「ネットスーパー」に挑戦してみてわかったこと

年を重ねるにしたがって、それまで気づかなかったさまざまな変化が起きてきます。だから住まいだけではなくて、暮らし方も変えていかなくてはいけないと思うのです。

私は新しいものごとも敬遠しないで、とにかくできることは試すようにしています。

たとえば最近では、ネットスーパーがそのひとつ。

今は買い物に行くことに不自由していなくても、これからは重たい荷物がだんだん持てなくなったり、外出がしにくくなったりするかもしれません。

そうなったときのために、**ネットスーパーも利用しています。**

すると、気づいたことがあります。

ネットスーパーで届く生鮮食品には、まったく不良品がないのです。傷んだものが届けば、再配達しなければなりません。そうならないように、配達前に商品を念入りにチェックしているのでしょう。

この先の人生を少しだけ先回りしてこうした経験を積んでおけば、いざというときあわてないですみます。

掃除機も新しいものをいろいろ試してきました。

お掃除ロボットも使いましたが、暮らしをコンパクトにしてから、便利なはずのお掃除ロボットがかえって使いづらくなってしまいました。

そんな話を仕事の打ち合わせをしているときにしていて教えてもらったのが、「コードレス掃除機」（167ページ参照）です。さっそく購入して使ってみたら、軽いのにパワーがあるのでとてもラク。

シニア世代には、掃除ひとつもけっこうな重労働。だから重たい掃除機を持って、コードを差し直しながら部屋中あちこち回ることを考えたら、今の私には軽くてコンパクトなコードレス掃除機が最適だったのです。手軽に使えるために、1日に2回ほど掃除機をかけています。

ちなみに掃除機同様、ホーローの重たい鍋も若い人に差し上げました。重たい鍋に具がいっぱい入った状態で調理するのが、しんどくなってきたからです。鍋も自分が使いやすい、コンパクトなサイズがやはりいいですね。

新しいものでも敬遠せず、便利なものはどんどん試してみてはいかがでしょうか。**「1人でやっても苦ではない」ことが大事**になってくると思います。

これは夫婦2人で暮らすようになっても同じです。

私の母と父を見ていて思ったことですが、母は体がだんだんつらくなってくると、父に何かと当たってしまうことがありました。ときには子どもである私たちにも……。

コンパクトな
暮らしの
ヒント

これからの体力に合わせた家電を
――「掃除機」選び

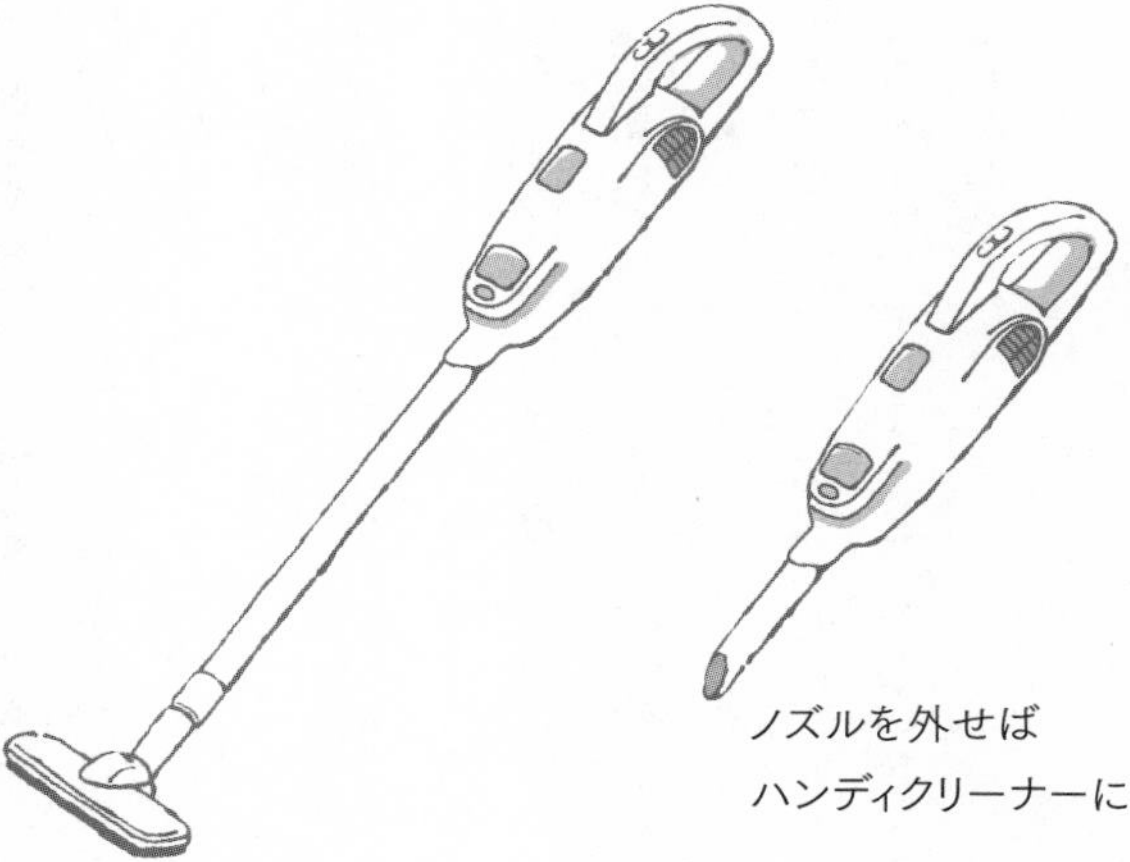

ノズルを外せば
ハンディクリーナーに

＊家電はこれからの自分がずっと使えそうなものを。
最近のコードレス掃除機なら軽いし、
収納スペースもとらない

ですから、**「できることをやる」**のではなく、**「できることができるように暮らす、それも無理のない範囲で」——という発想**が大切なのかなと思います。

また、今の自分がこれ以上若くなることはない、という開き直りも大切です。今日が人生で一番若い日なのです。

だから、できなくなることが増えるというのを想定すること。

とはいえ、できなくなることをマイナスに考えず、**今までの経験と知恵を活かしてどうやって工夫していけばいいのか、考える**のです。

うまく工夫できれば、気にかけることが減って、自分に少し「ゆとり」ができます。

いつもいつも気になることが頭にあるのはつらいですし、ゆとりがないから他のことに目がいかなくなります。そうすると、新しい発見もできなくなります。もったいないと思いませんか？

少しのゆとりが大切なのは、料理も同じような気がします。

先にご紹介した「野菜の重ね蒸し」（77ページ参照）のように、完全に味をつけてしまわないとか。すると、そのときどきの献立によって味つけを変えて楽しむことができます。

臨機応変に、柔軟に発想できるだけの時間と心のゆとりがあると、人生がもっと面白くなると思うのです。

「入るスペース」から ものの数を決める

よく「衣食住」と言いますが、**「食べること」を中心に生きている私の場合は順番が変わって、「食住衣」**かもしれません。

そこで、この章の最後に「衣」についてのダウンサイジングをどうしたかについてお話しさせていただきますね。

家の中全体で収納スペースが大幅に減ることになるのですから、洋服もたくさん手放しました。

誰でもそうだと思いますが、**年齢やライフスタイルに合わせて、似合う服、選ぶ服は変わってきます。**

以前は、あるデザイナーさんの服が大好きで、そのブランドの服ばかり着ていた頃もありました。さすがに捨てるのがもったいないと思ってしまい、体型が合いそうな人をつかまえては「これ、好きかしら？」と聞いて着ていただいたり、また、地元の回収コーナーに持参したりしました。

服はクローゼットに入る分だけにすると決めています。新しい服を買ったら、古い服は処分するのです。入れられるスペースが決まっていますから。

いつか着られるかと思って取っておいても、体型や流行が変化し、すべて〝過去の遺物〟になってしまいます。そうしたものが山積みになっていたら、必要なものを探し出すのが大変です。

いずれは衣替えも必要ないようにしたいと思っています。

衣替えも、年齢とともに負担になってきますからね。たとえば、クローゼットの前列は秋冬物、後列は春夏物といったように前後で分ける、あるいは左右で分けるといったように。

服は目につかないと、ついつい忘れて着なくなってしまいますから、ひと目でわかるようにするのと、衣替えをなくすのが最近の目標です。

また、アクセサリーも今の自分に似合うもの、必要なものを残して、減らしました。

そして、なるべく持っているものがパッと見てわかるよう、カジュアルなアクセサリーは玄関そばの鏡の近くにかけています。

そうすれば、出かける前に手に取って鏡を見てコーディネートすることができるので便利です。

服やアクセサリーに限らず、ものは使ったり身につけたりして自分が楽しくなければ、なんとなく手に取らなくなってしまいます。

たくさんのものを持っているよりも、お気に入りのものに囲まれて、コンパクトに暮らすほうが、毎日をもっと快適に過ごしていけると思います。

重いアクセサリーは肩こりのモト

大きな天然石がついたアクセサリーや真珠のロングネックレスは重量感があるので、年とともに身につけなくなってきました。なんだか、そうしたものを身につけていると肩こりが酷《ひど》くなるような気がするのです。

それにこの先、記憶力の低下が進行してしまったとき、外出中に外したら、そのまま忘れてしまうなんてことも……。また、手先の器用さも低下しますから、ネックレスの留《と》め金をかけるのに時間がかかったり、きちんとかかっていなかったりすると落としやすくもなります。

最近気に入っているのが、ストラップの飾りなどでつくるアクセサリー。手持ちのネックレスに取りつけるだけで、ちょっとしたオリジナルのアクセサリーに。私は、その日の用事や会う人に合わせて選んでいます。

コラム

こんなことも立派な「筋トレ」になる

人生100年時代を迎えて、ロコモティブシンドローム（運動器症候群）対策が話題になっています。その一環として昨年は、あるプロジェクトからの依頼でシニア向けの1日5分～10分の「筋トレプログラム」に自ら取り組みました。

半年間実施したところ、筋肉量が増え、体脂肪率が下がりました。体重は変わらずでした。

ただ、運動をやめると筋肉量は落ちていきます。つねに筋肉に負荷がかかるような強い運動はしなくていいと思いますが、日常生活の中で、できるだけエスカレーターより階段を選ぶなど、少しでも筋肉を使うことを意識するといいでしょう。

そう、シニアからの〝筋活〟です。

私の場合、体重10kg以上もある孫をおんぶしたり、抱っこしたりしていますから、孫と遊ぶことも筋トレになっています。

夏に娘から、「普通、年を取ると二の腕がたるんで〝振袖《ふりそで》〟になるって言われるけど、ママは〝振袖〟になっていないね。ノースリーブを着ても、全然おかしくないよ」と言われました。

たしかに、スポーツクラブで上腕の筋肉量を測ってみたら、1～8まであるレベルのうち、私の年齢くらいなら標準が3～4なのに対して、私は7になっていました。

孫と遊ぶのも体力が必要ですから、可愛いけれど大変だと思う方もいるでしょう。

でも筋トレを兼ねて、なんでも楽しんでしまうといいかもしれませんね。

コラム

「ご長寿のまち」の食生活を調べてわかったこと

長野県では長年、地域が一体となって健康づくりの活動をしています。その地道な努力が身を結び、今では「健康長寿のまち」として全国から注目を集めています。

一方、かつて「長寿県」と言われていた沖縄県は、県民の平均寿命が伸び悩んでいます。2022年の都道府県別の平均寿命のデータによると、かつては男女ともに全国1位だったにもかかわらず、男性が全国で43位、女性は16位でした。

高齢者よりもむしろ働き盛りの年齢層で、心疾患、脳血管疾患、糖尿病などの生活習慣病による死亡率が高くなってしまっています。「おじい」や「おばあ」は元気で、息子や娘のお葬式を先に出す、いわば「逆さ仏」現象が起きているのです。

沖縄にこのような現象が多く起こったことは、食生活とダイレクトに結びついています。大きな原因のひとつは、ハンバーガー、ホットドッグ、ピザなどの欧米化した食生活が早くから普及したことによるでしょう。また、車社会のため歩くことが減り、男性の肥満率が高くなっていることも一因です。夜遅くまで開いている飲食店も多いため、肥満につながりやすいのかもしれません。

それに対して先の「健康長寿のまち」長野県は、中高年の健康意識が高いだけでなく、元気な高齢者も増えており、ボランティアをしたり仕事をしたりと活動的です。

健康であれば、体力・気力が高まりますから、体を動かしたくなる、つまり働きたくなるのですね。

たとえ今日すぐに食生活を変えても、明日急に健康になるわけではありませんから、毎日の積み重ねが大切です。長野県でさえ、何十年もかかったのですから、やはり大切なのは「健康教育」を継続することではないでしょうか。

5章

「身軽」になるほど、楽しい時間がどんどん増えていく

――「大切なもの・大切な人・大切な空間」とともに

分厚い「アルバム」を小箱ひとつに入るだけにして気づいたこと

住まいのダウンサイジングに合わせて、いろいろなものを整理していく中、**「身軽」になるほどに心も体も快適になっていくのを感じました。**

ですから、思い出の品も思い切って処分したのです。

本棚を見ると、アルバムだけで棚の1メートル半くらいを占めていました。人生も長くなってくると、誰でもアルバムが多くなっていきますね。しかも昔のアルバムは大きくて分厚く、1ページに写真が何枚もあるわけではありません。

この先、80歳、90歳になって、この重いアルバムを自分の膝《ひざ》の上にのせて見ることがあるだろうか、と考えました。重くて、結局取り出すこともないのではないかな、と。

そこで**1冊のアルバムから1、2枚だけ写真を選ぶ**ことにしました。何回も見直して、取っておきたいカットだけ選び出して、小さな木箱に入るだけにしました。高さ10㎝ほどの、オルゴールくらいの木箱です。ここに入るだけにすれば、どこにでも持っていけます。

もし将来、自分がベッドで過ごすようになったときも、この箱を膝にのせて、いろいろなことを思い出したり、それを見てお話をしたりできるでしょう。

それにそういう古いアルバムや写真は、本人がいなくなったとき、あとに残された人が困ってしまうかもしれません。ですから、私の場合はこの木箱ごとお棺の中に入れてほしいと頼んであります。

私がこうしたアルバムや写真を整理したことをお話しすると、「思い出のあるものはなかなか処分できない……」と言われることがあります。

ですが、こう考えてみてはいかがでしょうか。

「形に残る思い出」よりも「心に残る思い出」を大事にしていこうと。

かつて自動車のコマーシャルでも、「モノより思い出」というキャッチコピーがありました。

目に見える形にとらわれず、心に残る大切な思い出がつまっているものだけを手元に置いておくほうが、この先も充実した人生になっていくと思うのです。

コンパクトな
暮らしの
ヒント

「大切な思い出」も いつでも見返せる形に

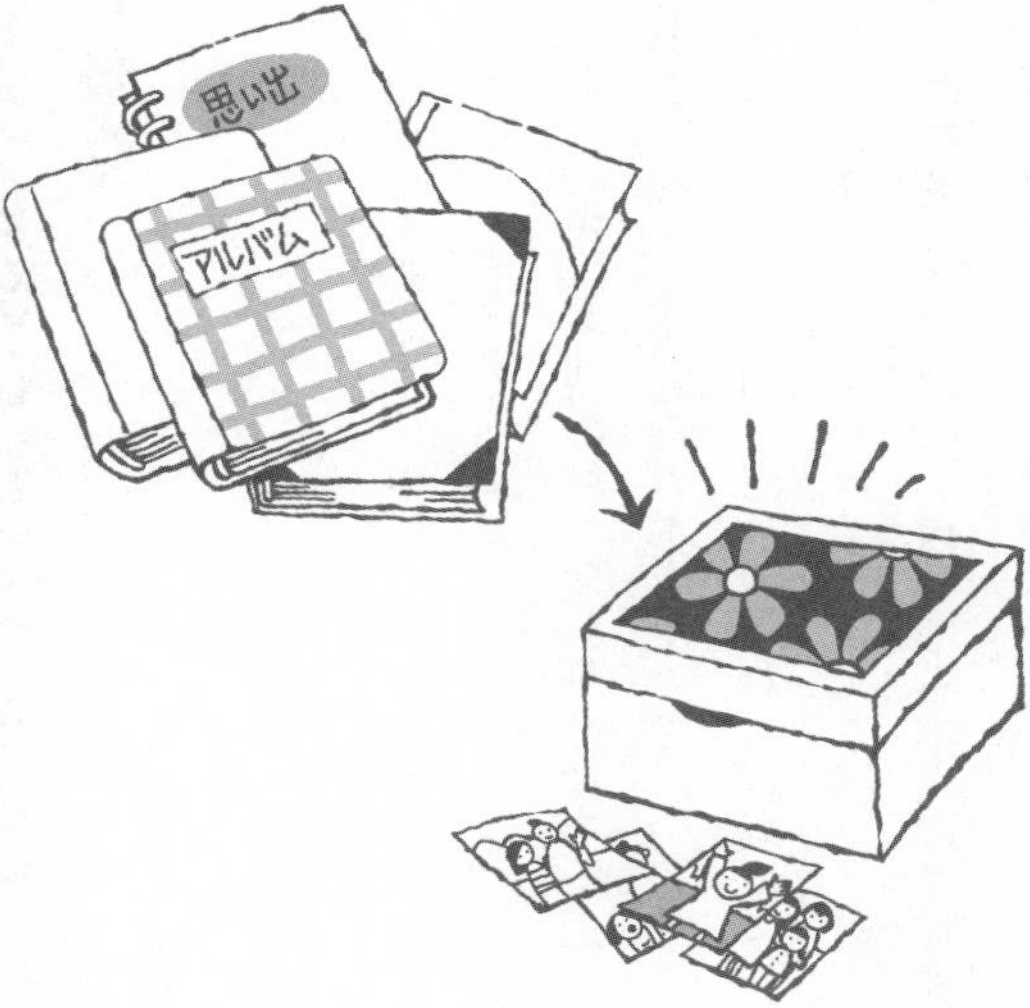

＊たくさんあったアルバムから、
「お気に入りの写真」だけをセレクト。
見たいときにいつでも見られるように
小箱にまとめる

「これからの自分に役立つもの」を残しておく

これまで「食」に関するあらゆる仕事にたずさわってきました。レシピも自分でも数え切れないほどつくってきています。

今にして思うと、自分の年齢と時の移り変わりを仕事を通して感じます。たとえば、娘が小さいときは離乳食の本をたくさんつくりました。50歳を過ぎた頃に百科事典の仕事が増えた時期もあり、これも経験によって知識が増えたということなのかなと思いながら、手がけたものです。

「食」はあらゆることに通じるだけに、自分でも本当に多種多様な仕事をしてきたと、あらためて実感します。

当然のように、仕事の種類に応じて本や資料もどんどん増えました。

でも、時間の流れに合わせて自分も変わっていくし、健康状態も変わってきます。暮らし方や社会も変わり、仕事の種類も内容も変わってきます。

そこで、住まいのダウンサイジングを機に、本棚いっぱいになっていたそうした本や資料も思い切って整理することにしたのです。


本棚を前にしていろいろ考えました。

まず整理したのは辞書の類。重いですし、老眼になっていますから、小さな字は見るのにも虫眼鏡が必要です。

それに、今は電子辞書やタブレット型端末でもほとんどのことが調べられます。しかも、指をほんの少し動かすだけで文字や画像を大きくできます。だから、重たい辞書をそんなにたくさん持っている時代ではないのだろうなと思ったのです。

整理するときは、自分の今後の生き方、仕事のあり方を基準にしました。

たとえば、「この分野は若い人にやってもらう時代になったから手放そう」とか。たくさんあった料理関係の本は、お弁当やお菓子づくりをしている方々に引き取っていただきました。

これで必要な本棚のスペースは、4分の1くらいになったのです。

本棚の整理とともに、「人生・仕事の棚卸し」をしたような感覚です。


今は、本棚には本そのものは少なくて、ファイル類が詰まっている状態です。

これまで仕事をしてきた何十年もの間、積み上げてきた一つひとつの仕事から、今後役立ちそうなファイルだけを並べています。

これは過去を見るのではなく、未来を考えるため。

過去の仕事のファイルを見ると、このとき以上のいい仕事をしなければならないと気合いが入ります。過去は変えられませんが、未来は変えられますからね。

私が、こうして**前向きに未来のことを考えていけるのも、ダウンサイジングの効果のひとつ**だと思っています。コンパクトに暮らしていくと、住まいにも心にも「ゆとり」ができます。その心のゆとりが、いくつになっても前向きに生きることにつながっていくのだと思います。

「おいしさ」は、どこで誰と食べたかが大事！

学生時代の恩師は日本料理の大家でした。一流料亭での食事をたくさん召しあがってきた方なので、どの店のどんな料理が一番おいしかったかを尋ねたことがあります。答えは、なんと、自分たちでつくったきのこ汁とタケノコの蒸し焼き。

先生が昔、友人たちと信州の山へ松茸狩りに出かけたとき、あいにく松茸は1本もとれず、とれたのはふつうのきのこばかり。持参した鍋に湧き水と、とれたてのきのこ、ネギを入れて味噌を加えてきのこ汁をつくったとか。それと、芽吹いたばかりのタケノコをそのまま蒸し焼きにして、せせらぎに自生しているワサビをすりおろしてワサビじょうゆをつけて味わったそうなのです。

お話を伺ってから数年後、私が同じ体験をして気づいたのは、たしかに美味！でも、心に深く刻み込まれるのは味そのものだけでない気もしました。

人間関係もコンパクトにしてみたら

おいしく食べたら最後はお皿の上がきれいになくなるという料理を仕事にしてきただけに、何ごとにも「しがみつかない」私です（40ページ参照）。

この生き方のおかげで、いろいろな変化がある人生でも自分らしく過ごせていると思います。

基本的に人づき合いも、無理のない範囲で続けています。

たとえば年賀状は、この30年ほど一切出していません。引っ越しをしたときの転居の連絡もしなかったので、引っ越し後、私と連絡を取りたい人は大変だったようです。

もちろん、人づき合いをしたくないわけではありません。忙しい毎日の中で自分らしく、気持ちよく生きるには、どうすればいいのかと考えて自然にしてきた選択です。

まわりに気を使って、みんなと同じように無難に振る舞って、疲れてしまっている人もいるのではないでしょうか。

でも、**気を使い続けていたら健康長寿からかけ離れてしまう**ので、もったいない。もともとの性格にもよりますが、できるだけ気持ちよくつき合えるように意識をしたほうがいいと思うのです。

たとえば私は、娘の夫のご実家とのつき合いをこんなふうにしています。

娘の夫のご実家はとてもきちんとされていて、お母様はお中元やお歳暮に、お手紙を一筆添えて送ってくださるような方です。

私よりも10歳年上で、今でこそ足腰もしっかりされてお元気ですが、この先、デパートに足を運んでお中元やお歳暮を選ぶのは、きっとかなりご負担になるでしょう。

それに、みなさんそうだと思いますが、ものを何かいただいたときはいただいたものよりも高額なものをお返ししても失礼ですし、逆に安いものを返すのも失礼ではと気になってしまいます。相応のものをお返ししないといけませんよね。

それを毎回考えるのは、ちょっとしたストレスになってきます。


そこで、**形式的な贈り物は一切やめようと決めました。**

失礼のないように、まず娘の夫に私の考えを伝えたのです。

人間は永遠に元気なわけではありません。足腰が弱くなって自分でデパートに行けなくなったり、具合が悪くて思うように行動できなくなったりするかもしれません。

そうなったとき、きちんとされている人ほどストレスに感じるようになるでしょう。

「だから、私は一切お中元・お歳暮を送らないことにします」とお伝えしました。

その代わり、**「おいしいものをいただいたときや、たくさんいただいて食べきれないとき、旅行や仕事先でおいしいものを見つけたときは、〈おすそ分け〉という形で、お互いに分け合うことにしましょう」**と。

そのほうが変に気を使わず、気持ちいいですよね。余計な出費もしなくてすみます。

それからは、娘が夫の実家に行ったときにお母様は、「このお菓子、10個入っていたんだけど余っているから、半分持っていって」というような感じで、お菓子を少しだけ娘に託してくださるようになりました。

わざわざ贈り物のために何かを買う必要もなく、こちらも気持ちよくいただけます。1人暮らしで年を重ねてくると、たくさんいただいても食べきれませんから、これがちょうどいいのです。

最近は、クリスマスを1人で過ごすことを「クリぼっち」と言うのだとか。

私も一昨年のクリスマスは、人生ではじめてクリぼっちで過ごしました。さみしいなんて、とんでもありません。楽しんでいます。

いくつになっても人間関係は大切ですが、時には面倒なこともあります。せっかくいろいろなことから解き放たれつつある年になったのですから、1人の時間も楽しまなければ。

フルーツケーキにラ・フランスを添えて、オーガニックのフレッシュハーブティーを淹れて楽しみました。40年来の友だちのぬいぐるみたちも一緒です。

さらに我が家の老犬用のおやつも用意して。こんな優雅な時間もいいなと思いました。


その翌日は、テレビでアニメ『アルプスの少女ハイジ』をやると聞いて、急いでスーパーへ〝ラクレットチーズ〟を買いに行きました。

以前テレビ出演したとき、アニメの食のシーンの中で「最も食べ物がおいしく見えているシーン」という調査の結果、一番人気だったのが、ハイジがトローリととろけるラクレットチーズを黒パンにのせて食べるシーンだったそう。

それを思い出して、いつか画面のハイジと一緒にチーズトーストを食べたいと思ったのです。その夢が叶い、一緒においしくいただきました。

こんなふうに、**時には静かに、1人でおいしく楽しんだりもしています。**

またこういうときほど、ふだん使いのマグカップではなく、来客用のティーポットやカップを用意して、エレガントに楽しむことが大切です。

ただ「のんびり」なんかしていられない

最近、食育活動の中で子どもたちに教える機会が増え、子どものうちからなんでもやらせておく必要があるなと、強く思っています。ただそうしたとき、語弊があるかもしれませんが、親御さんの存在が邪魔になることがあります。

小学生の親子が参加する「食育体験」のイベントなどにゲスト講師で呼ばれることがあるのですが、主催者側としては、事故がないようにと親をそばにつけるようにします。

でもそうすると、子ども同士がちっとも仲よくなりません。しかも、食育体験をしているのに、子どもは自分の頭で考えようとしなくなります。

親子をバラバラに離して子ども同士にすると、途端に子どもたちがイキイキするのです。親はつい手出しをしてしまいがち。そして子どもは親に頼りがちになりますが、子どもは自ら伸びる芽を持っていますし、教えると、大人が思う以上に何でもできるようになるのです。

私の場合は幸い、小さな孫が近くにいるおかげで、家の中でも**次の世代に教えていく楽しみ**を味わえています。

これくらいの子がどういう段階を踏んで、どんなことに興味を持つのかと考えながら、いろいろなことをやらせています。

たとえばピオーネなどのぶどうの皮。食べるときにむいてあげるお母さんもいるかもしれませんが、自分でむけたら楽しいはずです。でも何も手助けせずにむくのは難しいですから、十文字に切れ目を入れてあげて、「お花、お花」といって引っ張る方向を教えながらむかせています。

他にも、ホットケーキの粉を混ぜたり、お団子を一つひとつお皿に移したり、野菜を洗ったり。大人よりも丁寧にやってくれます。

卵を割る練習もしたりしました。孫は遊び感覚ですが、子どもには、できあがった卵焼きを食べさせるのではなくて、コンコンとたたいて卵を割るところからやらせてあげたいのです。こぼしたり失敗してもいいから、自分でやってみることは大切ですよね。

しじみのお味噌汁を出したときは、身がついている反対側の貝がらで汁をすくって飲んでみせたらすごく興味を持ったので、何口か飲ませてみました。それ以来、貝汁が大好物になり、小さな指で貝の身を全部取って、貝がらで汁をすくって飲んでいます。やらせればなんでもできるのです。

自分で使ったお茶碗も、キッチンスポンジを小さく切ってあげると、自分で洗います。「お茶碗の底の〝糸尻《いとじり》〟も洗うんだよ」と言いながら洗って見せると、本当に丁寧に洗います。

子どもは素直で、教わったことはなんでも吸収していきます。

台所の道具を使って遊びもします。茶こしに小さなボールを入れてよーいドン、で運んで遊んだり、空き瓶をボーリングのピンに見立てて遊んだり、売っているおもちゃを買わずにいろいろな遊びを考えています。子どもは飽きやすいですから、毎日毎日違う遊びを考えます。

このように子どもは一緒にやればなんでもできるようになりますが、その逆に年齢を重ねるとできなくなることが増えていきます。栓抜きやキャップを開ける力がなくなっていくことも。

そのため、シニアと言われる世代になったら第一線を退《しりぞ》いて、ただのんびりしたいという方がいます。

ですが、**のんびりしていてはもったいない**と思います。孫がいたら、せめてその子たちに何かを教えたり伝えたりするようなおじいさん、おばあさんにならないといけないのではないかと思っているのです。

この年齢になって、誰かの役に立つということは、面倒なこともあるかもしれません。でも、面倒なのは生きている限り仕方がないこと。

先日、友人と「人は『ないものねだり』だね」と話していたのですが、夫がいるときは「うっとうしい」などと思って、1人になるとせいせいしたような気分になりますが、今度は自分自身のことをやるのも面倒くさくなるのです。

いくつになっても、誰かのためにできることはたくさんあります。「ないもの」を数えるのではなくて、「あるもの」を数えて生きていきませんか。

ゆるゆると「お茶時間」を楽しみましょう!

「日常茶飯事」という言葉があるように、昔はごはんを食べ、お茶を飲むのが当たり前の暮らしでした。でも、今は急須《きゅうす》がない家庭も多いとか……。お茶の時間はたんにのどをうるおすだけのものではありません。香り高いお茶で満たされた湯飲みやカップを口にしたときは、心の底からくつろいだ気分になります。

そんなお茶の魅力をさらに多くの方々に伝えるために、私はこの二十数年間、日本紅茶協会のティーインストラクター会長を務めさせていただきました。シュンシュンとお湯が沸く音を聞きながらお気に入りの器を準備するお茶の支度は、心と体をリセットしてくれます。午後のひととき、10分でもいいのでお茶時間を楽しみます。そして、夕食後にも孫と一緒にフルーツを食べながら。孫にも、子ども用のティーポットとカップを用意しました。

いくつになっても「最良の選択」をするために

長年、食と健康にかかわる仕事をしてきて、前にもお話ししたように、私がこの仕事をはじめるきっかけにもなった「予防」の大切さを今、あらためて実感しています。

ふだんからちょっと食事に気をつけておけば、そこまでの状態にならずにすんだのに……というケースを数多く見てきました。

一度病気になってしまうと、快復するのに時間もエネルギーもかかってしまいます。

ですから、段取りよく早め早めに手を打っておくこと、「予防」がいかに大事か——。それでも人は病気をしますが、食を大切にしていれば、病気になっても快復も早くなります。

これは何も病気だけでなく、日常生活、人生も同じです。だからこそ、**この先の自分の体力を考えたときに、予防のためにコンパクトな暮らし方**を選んだのです。


そして、人生の最後の「居場所」のために、お墓も整理しました。

私の家系に代々続いているお墓はありましたが、弟は離れた場所に住んでいるので、お墓参りはそうそうできません。父が亡くなったとき、弟や妹とどうするか相談して、そのお墓を手放すことに決めたのです。いわば「墓じまい」です。

お寺に聞きに行ったところ、骨壺をひとつ整理するのに数十万円もかかると言われます。「お墓の中にいくつ入っていますか」と聞かれたのですが、母でさえ、もうわからない状態。結局、石屋さんに数えていただいたら、6つありました。

すでにどなたが入っているかわからないとはいえ、ご先祖さまです。でも数十万円×6人分で、お墓を整理するのにそんなに出費がかさむなんて、思ってもみませんでした。それに加えて、石屋さんへのお礼とお経をあげていただくお礼を考えたら、すごい額になってしまいます。

そこで母にこう説明しました。

「ここのお墓参りに来るのはお母さんだけで、90代も半ばを過ぎたら、自分で来られないよ。誰も来られなくなったら、無縁仏になってしまうし、誰もそれを処分できなくなるから、最後の最後で迷惑をかけることになるわよ。もしこのお墓を整理すれば、また違う方がここにお墓を建てることができるじゃない。それが一番いいと思う」と。

直接わからないとはいえ、ご先祖の骨壺を放り出すわけにはいきません。ですから、お寺に行き、共同の墓地に入れていただきたいと言って、いろいろご相談をして、結果的に適正な金額でお墓を整理することができました。

その後、現在父の遺骨が納められている今のお墓を買ったのは、このあとの家族の負担を考えたからです。

よく、お墓参りにあちこち駆けずり回っている人たちの話を聞きます。

自分の両親が入っているお墓、夫の両親が入っているお墓……お彼岸やお盆が来るたびに、お墓を守るために大変です。遠くにあれば、交通費もかかります。これから先もずっとできるだろうか、と考えてしまいます。

ですから、元気なうちにお墓の整理をしておかないと、あとに残された人が大変な思いをします。

身もフタもない話ですが、人間、死んでしまえばリン、炭素、窒素などの元素になって、地中に存在するだけ。では、なんでお墓が必要なのか、考えました。

お墓はお参りに来る人のためにあります。お墓参りに行くと、気持ちがすっきりしたり、清々《すがすが》しい気持ちになったり、自分がいいことをしたような気になったりする。そのためにお墓があるんじゃないかな、と思ったのです。

それならば、やはり自分のことより、未来を生きる人のことを考えてお墓をどうするか決めるべきではないでしょうか。

私には娘が1人しかいません。そして彼女はきっとこれからも、忙しく仕事をする人生になるでしょう。

それならば、なるべく手間をかけさせないようにしたい。でもお墓参りに行けないのは後ろめたい気持ちになるでしょうから、1カ所で全部すませられるようにしたいと思いました。


今までいろいろな方のお葬式やお墓参りに行って、ジメジメしているのはイヤだな、明るいお墓はないものだろうかと思っていました。そうしたら友だちが、1年中、真冬でもバラが咲いている霊園を教えてくれました。

「何々家之墓」といった形ではなく、残したい言葉や本名が刻まれた今様《いまよう》のお墓で、まわりを見ると3割ほどは、まだお元気な方が買い求めたものでした。

お墓はガラスと石でつくりました。ガラスに好きな言葉や図柄を彫刻してくれるのです。生まれた日、亡くなった日付が入っています。

そこでまた、私がひらめいてしまったのです。「そうだ、知り合いをみんな集めよう」と。

まず妹を誘って、同じ霊園にお墓を買ってもらいました。次に、お子さんがいらっしゃらない友だちがいるのですが、亡くなったあとにお身内がいなくなるというので、「近くに買いなさいよ」と勧誘して。親友にも同じように買ってもらいました。これなら寂しくありません。しかも、娘たちのお墓参りが全部一度ですむでしょう。

人は永遠に生きるわけではありません。

かといって、具合が悪くなってからお墓探しをするのは、なんだか縁起が悪いもの。元気だからこそできることなのです。

最期《さいご》を迎えるとき、まわりに負担をかけずにどれだけ身軽になっているか——元気なうちにこそ考えておくべき大切な未来予測ですね。

5年後、10年後、20年後…の「私」のために

60代半ばになって思い切ってダウンサイジングをして身軽になり、本当によかったと感じます。

「食住衣」、そして「人間関係」を含めて生活のすべてにおいて、今の自分、これからの自分のためにちょうどよく、快適に過ごせるようになっているからです。

必要なものが必要なところにあるので、ムダに探す時間はなくなりましたし、服もたくさん持たなくなったので、おしゃれをもっとラクに楽しめるようになりました。

料理しやすいようにキッチンを家の中心にリフォームしたので、毎日の食事を

スムーズに用意できるようになりましたし、家じゅうがコンパクトになったので、忙しい中でも掃除や片づけをストレスなくできています。

さらに、人づき合いも無理をしていないので、自分のペースを大切にできるようになりました。

日常の中から余計なことが自然に減って、「自分の時間」が増えてきたのです。

くり返しになりますが、私にとって大切な時間は「食」です。

その食を一番に考えたからこそ、こうして、身軽でより快適に過ごせるようになってきました。

先にお話しした大好きな言葉「食は命なり。運命なり」（101ページ参照）は、これからも私の暮らし、人生の中心になっていくことでしょう。

人は食べたものによって、体調も気持ちも変わっていきます。食べ物によって、体も心もつくられると言っていい。

だからこそ、食には運命さえも変える力があるのです。

長年、食にかかわる仕事をしてきて、自身の経験、そして数多くの人々の変化を目《ま》の当たりにしていて、ますますその確信を強めています。

人生100年時代と言われ、60歳からでも40年もの時間を得られる可能性が出てきました。

だからこそ、**「元気な体」「前向きな気持ち」を持てるか否かで、人生の満足度、幸福度は大きく変わってきます。**たとえどんなに、ものやお金に恵まれても、心身の健康がなければそれらを活かすことはできません。

私はこれからも「食」を大事にして身軽に暮らし、できれば最後まで自分の食事を自分で用意したいと思っています。

5年後、10年後、20年後も、楽しみながら料理をして、おいしくいただいている――。

そんなシンプルで幸せな人生を「味わい尽くしていきたい」ですね。

コラム

料理をしているときの「いい香り」について

研いだお米にフライパンで煎《い》った黒豆を入れて炊いた「黒豆ごはん」。そこに寿司酢をかけると、どうなるか知っていますか？

あら不思議、ごはんがピンク色になるのです。まるで魔法を使っているように。できあがった黒豆のお寿司はとてもおいしいんですよ。

孫がもう少し大きくなったら、ぜひやらせてみようと思っています。

こんなふうに、料理はやってみた人でなければわからない楽しさに満ちています。そういう楽しさを知ってしまうから、料理はやめられません。

以前、テレビ番組の依頼で、平安時代に身分の高い人は、牛乳を煮詰めてかたまりのようにしたものを食べていたという史実から、同じものをつくってみようということになりました。

3ℓの牛乳を大きな鍋に入れて、絶えずかき回していなければなりません。何時間もその場を離れず煮ていくと、トロっとしてきて最後には、チーズのような形の真っ白いかたまりになります。

同じスピードでかき回し続ける作業は大変です。牛乳は焦げやすいので、少しでも焦げてしまうとつくり直しです。その頃はアシスタントさんが2人いたので、2人に交替で絶えず鍋から離れずにかき回してもらっていました。

とはいえ、トイレに行ったり食事をしないといけないので、私も「交替するわよ」とアシスタントさんに声をかけたのです。そうしたら「交替しなくていいです」と言います。「どうして？　疲れたでしょう。無理しなくていいわよ」と言うと、「すごくいい匂いで、気分がいいんです」と彼女。

そんなことを聞いたら、おとなしくしていられないのが私です。「そんなにかき回すのが楽しいなら、私にもさせて！」とお願いして、やってみたのです。

さらに2時間くらい煮詰めていたら、なんだかなんとも言えない幸せな気分になってきました。赤ちゃんはおっぱいを飲むと眠くなりますね。それは、オピオイドペプチドというアミノ酸の効果です。「すやすやタンパク」とも言われていて、それと同じ効果なのか、ミルクの匂いを嗅《か》いでいるだけで、人は無我の境地に入っていくのです。

お坊さんにもごま豆腐をつくる修行がありますが、ごまをすって集中しているうちに、こんな境地になるのかな、と思ったものです。だから禅宗では料理が修行になるのですね。大変さを通して、得るものがたくさんあるのでしょう。

つくづく、あれこれ実践しながら、実に料理は面白いと思うのです。

コラム

「味」という一生の財産

これまで30年以上にわたって、大学生に、卒業前の最後の授業でひな祭りの料理をつくらせるようにしてきました。

アンケートを取ると、多くの学生が手づくりのちらし寿司を食べたことがなかったことに驚き、ひな祭りでの食事の思い出を聞くと、「ひなケーキ」を買って食べていただけ、などという話をする人も……。

これは、学生たちの母親世代がつくらなくなっているということ。おせち料理もそうです。おばあちゃんはつくっていたけれど、母親はつくらない、という声が多かったのです。

「じゃあ家でお母さんとちらし寿司をつくるときはどうするの？」と聞くと、

「ちらし寿司の素《もと》を使います」と答えます。

学生たちに聞いても、「おばあちゃんの料理はおいしい」という声は多いですね。母の味ではなくて、祖母の味。そういう時代になってきたのでしょうか。

学生と一緒にちらし寿司をつくると、「こうやってつくるんですね、すごく面倒なんですね」と言います。自分ではなかなかつくらないとしても、一度やって知っていれば覚えていて、将来、自分の子どもに話すことができます。

また、完成したところしか見ていなくても、本当は大変な手間がかかっている、ありがたいな、とつくってくれた人に思いを馳せることができます。


食べると「心がほっとする食べ物」がある人とない人とでは、心の豊かさが違う気がします。

心がほっとする食べ物は、人によって違いますが、そのほとんどが家庭で母親や祖母など、家族がつくってくれた味であるはずです。自分でつくってみると、ほんの少しのことでも思いがなければつくれないことがわかるのです。

① 卵は溶きほぐして砂糖・塩各少々を混ぜて油をひかないフライパンに流し入れ、菜箸でかき混ぜながら火にかけて炒り卵をつくる。

② 温かいごはんにすし酢を回しかけ、①とひじき煮を混ぜる（残りごはんを利用する場合はレンジで温めて使う）。

③ 茶碗に盛り、万能ネギの小口切りと炒りごまを散らす。

memo

- カルシウムやマグネシウムなどのミネラル類が豊富なひじき。お惣菜のひじき煮が残ったときは、混ぜ寿司の他、だし巻き卵などに加えて使い切るのがおすすめ。

- ひじき煮の代わりに、切り干し大根の煮物やきんぴらごぼうを使っても。

ひじきの混ぜ寿司

市販の「ひじき煮」があれば、
1人分でも簡単に！

〈材料〉1人分

ひじき煮（市販品）…大さじ山盛2杯
ごはん…茶碗1杯（130 ～ 150g）
卵…1個
砂糖・塩…各少々
万能ネギ…少々
すし酢＝米酢…大さじ1、
砂糖…大さじ 1/2、塩…少々
炒りごま（白）…少々

「混ぜ寿司」や「ちらし寿司」は、子どもの頃の思い出の味という人も多いのではないでしょうか。私の家でもみんなが集まるときには大皿のちらし寿司が並んだもの。でも、乾物を戻して煮て……というのは手間がかかります。市販のひじき煮があれば、1人分が簡単につくれます。

①野菜の炊き合わせは、それぞれ1cm角に切る。

②オクラは塩少々でもんでさっとゆでて冷水にとり、小口切りにする。

③鍋に①②とだしを入れてひと煮たちさせ、塩またはめんつゆなどで味を調《ととの》え、すりごまを加えて火を止める。

④椀に盛って、好みで七味唐辛子をふる。

memo

- オクラを使うことで、自然のとろみがつき食べやすい。なめこでも。茹でたオクラやきのこ類は食べやすく切ってから冷凍保存すると、いつでも使いやすく。

- 倍の量をつくり、冷凍うどんを加えれば具だくさんうどんに。

- 使用する野菜の炊き合わせによって塩分濃度などが異なるので、塩や市販のめんつゆなどで味を調整するといい。

ごま風味の具だくさん汁

パックの「野菜の炊き合わせ」を使えば、
あっという間に完成！

〈材料〉2人分

野菜の炊き合わせ（パック入りなど）…80 ～ 100g
オクラ…4本（40g）
だし…300ml
塩（またはめんつゆ）…少々
すりごま（白）…大さじ1

食事のときに汁ものがあるとうれしいですよね。「野菜の炊き合わせ」は、里芋、にんじん、レンコン、しいたけなどが入った市販のレトルトパックを利用すれば、あっという間につくれます。お惣菜コーナーにある筑前煮などでもいいですね。だしは、「水だし」（78ページ参照）のほか、市販の顆粒タイプでも。

① 耐熱性の器にごはんと里芋の煮物を入れ、ラップをふんわりとかけて電子レンジの温めキーで温め、そのまま3〜4分蒸らす。ラップをはずしフォークなどでつぶし、4等分して俵型に形を整える。

② 煮豆はパックから出してフォークで潰し、4等分にしてそれぞれラップに広げる。

③ ②に①をのせて、包むようにして形を整え、ラップをはずして皿に盛る。

memo

- ごはんもレトルトパックのものを使用しても。
- あんにする煮豆の種類は1種、または2種でも。金時豆、花豆、黒豆、うぐいす豆などを使う。
- つくったおはぎは、ラップで包んで冷凍保存も可（約2週間）。食べるときはレンジで温めて。

里芋おはぎ

レトルトパック入りの
里芋の煮物と煮豆でＯＫ！

〈材料〉4個分

ごはん…茶碗軽く1杯（100g）
里芋の煮物（パック入り）…中2個（70～80g）
煮豆（パック入り）…1パック（120～130g入り）

「自家製おはぎ」はおいしいのですが、もち米を炊いて、小豆を煮て……と、どうしても時間と手間がかかります。でも、レトルトパック入りの「煮物」や「煮豆」があると、電子レンジ調理だけで、とても簡単にできますよ。

① ピーマンは種とワタを除き、縦1cm幅に切る。

② フライパンに油を熱して①を中火で炒めてしんなりしたら、さんま蒲焼き缶を缶汁ごと入れて、ほぐしながら炒め、味噌とみりんで調味する。

③ 火を止めてからすりごまを振り入れ、全体を混ぜる。

memo

- ピーマンの代わりに、シシトウガラシでもOK。
- カルシウムやセサミンを含む「すりごま」を加えることで栄養豊富に、しかも風味よく仕上がる。

さんま蒲焼き缶と ピーマンのすりごま炒め

体にいい青魚を手軽に摂るために、
缶詰がおすすめ！

〈材料〉2人分

さんま蒲焼き缶…1缶（100g）
ピーマン…3個（100g）
油…大さじ1/2
味噌・みりん…各小さじ1
すりごま（黒）…大さじ2

青魚には、脳の老化防止に役立つ DHA（ドコサヘキサエン酸）や血管の若さを保つ EPA（エイコサペンタエン酸）が多く含まれます。これらの栄養成分は空気にふれると酸化しやすいのですが、缶詰なら鮮度が保たれ安心。しかも常温で保存でき、使用後の缶はリサイクルに！

① 豆腐は8等分にして、ザルにのせて 10 分ほどおいて水気を切っておく。

② 万能ネギは4cmの長さに切り、さけ水煮缶は缶汁を切っておく。

③ フライパンに油を入れて中火にかけ、豆腐を並べて色がつくまで焼き、②を炒め合わせ、最後にしょうゆを回し入れて仕上げる。

memo

- 仕上げに、かつおぶしを散らしてもいい。
- さばの水煮缶でつくってもおいしい。

さけ缶と
豆腐のチャンプルー

さけ缶をストックしておけば、
豆腐と炒め合わせるだけ！

〈材料〉2人分

さけ水煮缶…1缶
豆腐（木綿）…1/2 丁
万能ネギ（または葉ネギ）…1/2 束（50g）
油…大さじ 1/2
しょうゆ…小さじ1

魚の缶詰の「缶汁」は捨てずに、味噌汁などに加えるとおいしいですよ。また、キャベツやもやし、にんじんなどの野菜炒めをつくるときに加えても、だしがきいておいしくなります（野菜を炒めているときに、缶汁を回し入れて合わせる）。

① 材料全部を鍋に入れ、よく混ぜてから火にかける。

② 菜箸4本でかき混ぜながら、汁気がなくなってポロポロになるまで火を通す。

memo

- そぼろ丼に——どんぶりにごはんを盛り、鶏そぼろと炒り卵をのせ、万能ネギの小口切りを散らす。茹でたさやえんどうやさやいんげんの細切りを加えて3色丼にしても。

- 冷ややっこに——軽く水切りした豆腐に鶏そぼろをのせ、シソの葉をちぎって散らす。シソの葉の代わりに粉山椒、七味唐辛子をふっても。また、豆腐の代わりに焼き野菜（なす・ピーマン・かぼちゃなど）にそぼろをかけても。

- 生野菜サラダに——レタスやキャベツのせん切り、乱切りトマト、太めの千切りきゅうりなどにそぼろをかけて。

いろいろ使える「肉そぼろ」

冷凍庫にストックしておくと、
料理のアレンジ自在！

〈材料〉つくりやすい分量

鶏ひき肉…200g
ネギ（みじん切り）…大さじ2
生姜（すりおろし）…小さじ1
酒・みりん・しょうゆ…各大さじ1

ひき肉は傷みやすいので、「肉そぼろ」にしておきましょう。冷凍保存しておけば、必要な分だけ取り出せて便利です。上手な冷凍のコツは、冷凍保存袋に薄く入れて平らにすること。また、冷凍保存袋の上から菜箸で「仕切り」をつけておくと、使うときに必要な分だけパチンと折って取り出せます。

〈豚の味噌そぼろ〉

〈材料〉つくりやすい分量

豚ひき肉…200g
ネギ（みじん切り）…1/2 本分
生姜（すりおろし）…小さじ1
酒・みりん・味噌…各大さじ2

① 鍋に豚ひき肉とネギ、生姜、酒・みりん・味噌を入れてよく混ぜてから中火にかけ、菜箸4本でかき混ぜながら煮る。

② ポロポロになり、汁気がなくなったらできあがり。

memo

- ごはんやうどん、野菜サラダにのせたり、豆腐にのせて。
- 具だくさんの野菜の味噌汁に加えて豚汁風に。
- 酒とみりんを各大さじ 1/2 にして、味噌の代わりにケチャップ大さじ3を加えてつくっても。ごはんにのせて目玉焼きをのせれば、タイ料理のガパオライス風に。

〈牛そぼろ〉

〈材料〉つくりやすい分量

牛ひき肉…200g
ネギ（みじん切り）…大さじ2
にんにく（すりおろし）…小さじ1
ごま油…大さじ 1/2
酒・みりん・しょうゆ……各大さじ1
すりごま（白）…大さじ 1

① フライパンにごま油を熱し、牛ひき肉を入れてパラパラになるまで炒める。

② ①にネギ、にんにくを炒め合わせ、酒・みりん・しょうゆを加え汁気がなくなったら火を止め、すりごまを加えてひと混ぜする。

memo

- 茹でたもやしや青菜と混ぜたり、焼きそばや焼きうどん、麺類に加えても。
- すりごまを加えず、豆板醤《トウバンジヤン》やコチュジャンを加えてつくると、ピリ辛でスパイシーな仕上がりに。

〈おわりに〉

この世に1冊しかない「我が家のレシピブック」

「コンパクトな暮らし」にしてから数年になりますが、想像以上に快適で、もっと早くはじめておけばよかったかな、と思ったりもします。

無理をしていないせいか気持ちの「ゆとり」がさらに増え、自分にとって本当に大切なことも見えてきました。

私は娘への「最後の贈り物」を決めています。

今まで数え切れないほど、たくさんの料理をつくってきました。家族の食事はもちろん、料理番組や雑誌、また、ハーブとアロマテラピーのお店をやっていた関係でハーブやスパイスの料理もさまざま手がけました。

その中でもとくに気に入ったものや、家族がとても喜んでくれたもの、お客さまの反応がよかったものなど、「思い出のレシピ」を1冊のノートにまとめて残しておこうと思うのです。

いわば、この世に1冊しかない「我が家のレシピブック」です。

お気に入りの料理を、家族が再現してつくりやすいように残しておきたい――。それこそが、私の生きてきた証になると思うのです。

娘にも、「生命保険でも株券でもなく、料理ノートを残すよ」と伝えています。そのためのノートも探しはじめています。それを書き終えてから、旅立つつもりです。

何年先になるかわかりませんが、その完成を楽しみに、これからも「食いしん坊」で前向きな自分でいたいと思います。

本多　京子

本書は、小社より刊行した単行本を文庫化したものです。

本多京子（ほんだ・きょうこ）

医学博士・管理栄養士。1948年東京生まれ。実践女子大学家政学部食物学科卒業後、早稲田大学教育学部体育生理学教室研究員を経て、東京医科大学で医学博士号を取得。日本体育大学では「子供の食と栄養」を35年間担当。健康と栄養について、わかりやすく楽しいアドバイスやヘルシーで気軽に作れるレシピを提供し、幅広い支持を集める。2007年4月に策定された国民運動「新健康フロンティア戦略」の健康大使、食育学会理事、NPO法人日本食育協会理事などを務めた。

人生100年時代をより健康的に生きるために、60代から生活全般をダウンサイジングした自身の経験をメディアやセミナーで伝えたところ、反響を呼ぶ。

著書に『シニア世代の食材冷凍術　楽らく、ムダなく、健康に』（講談社）、『塩分が日本人を滅ぼす』（幻冬舎）、『こころをよむ　食べることは生きること』（NHK出版）、監修に『別冊NHKきょうの料理　シニアの健康サポート！　1人分の簡単レシピ』（NHK出版）など多数。

知的生きかた文庫

60代《だい》からの暮《く》らしはコンパクトがいい

著者　本多《ほんだ》京子《きょうこ》
発行者　押鐘太陽
発行所　株式会社三笠書房
〒一〇二-〇〇七二　東京都千代田区飯田橋三-三-一
電話〇三-五二二六-五七三四〈営業部〉
〇三-五二二六-五七三一〈編集部〉
https://www.mikasashobo.co.jp
印刷　誠宏印刷
製本　若林製本工場

ISBN978-4-8379-8841-0 C0130

C30142